沉疴

CHENKE

大明最后二十年的
十三张面孔

景志祥◎著

浙江人民出版社

图书在版编目（CIP）数据

沉疴：大明最后二十年的十三张面孔 / 景志祥著.

杭州：浙江人民出版社，2025. 3. -- ISBN 978-7-213-
11745-9

Ⅰ. K248. 09

中国国家版本馆CIP数据核字第2024EF3168号

沉疴：大明最后二十年的十三张面孔

景志祥　著

出版发行：浙江人民出版社（杭州市环城北路 177 号　邮编　310006）
　　　　　市场部电话：(0571) 85061682　85176516
责任编辑：方　程　王子佳
营销编辑：陈怡雯　张紫懿　陈芊如
责任校对：王欢燕
责任印务：幸天骄
封面设计：昇一设计
电脑制版：北京之江文化传媒有限公司
印　　刷：杭州丰源印刷有限公司
开　　本：880 毫米 ×1230 毫米　1/32　　　印　　张：7.25
字　　数：149 千字　　　　　　　　　　　插　　页：1
版　　次：2025 年 3 月第 1 版　　　　　　印　　次：2025 年 3 月第 1 次印刷
书　　号：ISBN 978-7-213-11745-9
定　　价：48.00 元

如发现印装质量问题，影响阅读，请与市场部联系调换。

序言　风过蔷薇，春意了无痕

一

对于万历皇帝朱翊钧而言，万历十年（1582年）是一个"开心"之年。因为这一年，执政十年的内阁首辅、太傅兼吏部尚书、中极殿大学士张居正因病去世。这就意味着，从此他将脱离翰林学士的束缚，开启独立执政的帝王生涯。

这绝对是一件好事！虽然名义上他是大明的皇帝，张居正是首辅，但谁都知道，前十年大明真正的"统治者"是首辅张居正。

张居正当国十年，所揽之权是皇帝的大权——这是张居正执政的需要。但张居正忘记了一点，一个首辅替皇帝干了十年活儿，也意味着这十年来，他上面的这个皇帝是失职的。

任何一个皇帝都接受不了这个结果，万历也不例外。换句话说，张居正越效忠国事、独揽大权，万历心中就越多几分压抑的感觉。

这种感觉，在张居正管理之时，并没有体现出来。

一旦张居正离开了，往日积攒的情绪就会如滔滔江水汹涌而来，巨大的压力和某种期待，迫使万历去找一个宣泄口，狠狠地发泄一下自己的情绪。不过，在这之前，他还需要做一件事。

与其说是一件大事，不如说是一种改变。

万历决心改变自己在群臣心中的柔弱印象，至少他得让群臣明白，自己已不是十年来一直躲在张居正身后的孩子。经过十年的磨炼、十年的成长，他已经是一个二十岁的大人了。

为此，万历刻意舍弃了很多兴趣和爱好。比如，他不再和亲近的太监四处游玩、胡闹，他开始变得喜欢读书，而且读的是本朝祖宗的"实录"，学习"祖宗之法"。除此之外，他还让太监出宫，在北京城内最好的书店，寻找各种最新的书籍买来给他看。这些书籍不仅仅有政务方面的，也有诗词歌赋、剧本小说。

阅读给万历带来的好处，自然不是政务上的，因为这从书本里是找不到具体答案的。书本给他更多的是精神上的帮助，也让他逐渐明白一个道理：一个人从小孩长成大人的过程中，无论他愿不愿意，有些事、有些人终究是需要自己去面对、去解决的。

于是，万历拉开了励精图治的大幕。

在张居正去世的日子里，一连串的国家大事都由万历亲力亲为，尤其人事上的安排都是经过他深思熟虑后才做出的。这种当家作主的感觉，他不敢说十分好，但绝对不坏。

不过，有一个问题是万历绕不过去的，那就是张居正的影响力。这位已故的首辅依旧影响着整个朝堂，按照目前的局面看，应该还会影响个十几二十年。而且那些张居正提拔的人，正身居高位，在悄然间已成为张居正的化身。比如，礼部尚书潘晟、吏部侍郎王篆、兵部右侍郎曾省吾、蓟州（在今河北北部）总兵戚继光、辽东总兵李成梁等。他们虽然不是张居正本人，但身上都带着浓厚的张居正色彩，时刻显示着张居正的存在。

这是一个十分头疼的问题。作为一个敏感且聪明的年轻人，万历很清楚，如果自己突破不了这一点，他的一生或许就只能浑浑噩噩地活在张居正的阴影之下。这是他最不愿意看到的。

从内心上讲，对于这位陪伴了万历十年的恩师，他自然感激良多，但并非没有一点恨意。他清楚地记得，一次他在读《论语·乡党》时，一时口误，把"色勃如也"误读为"色背如也"。这并不是一件什么天大的错误，甚至在他看来，一个孩子读错字是正常不过的。但张居正没有这么想，这位严厉的老师从背后给了他最惊心动魄的答案——怒吼道："当作'勃'也！"

就这么一句，让万历悚然心惊，周围的人同样大惊失色，他自此畏惧张居正。但畏惧并不能打消他的爱好。如果说，祖父（嘉靖皇帝）的爱好是得道升仙，那么他的爱好就是书法——这种游走笔尖、倾泻而出的感觉，让他难以忘怀。

不管你愿不愿意承认，一件事，只要你肯下功夫，总能取得一定成就。万历虽是一个十岁的孩子，但每天都在练习书写径尺以上的大字。在他看来，这是一件了不起的事情。为此，他特意让人请来张居正和其他官员一起看他在纸张上秉笔挥毫。

二

万历清晰地记得，那天他下笔如飞，一口气写了十八幅大字。写完以后立刻赏赐给了现场观看的大臣，其中自然包括张居正。

没多久，他又亲自提笔书写了"弼予一人，永保天命"八个大字赐给张居正。万历认为，他的张老师一定会大力赞扬他的勤奋刻苦，但事实是他多想了，张老师收了他条幅的第二天就上了一道奏疏——《慎技艺以兴圣职疏》。

在奏疏里，张先生说陛下的书法已经取得了不错的成绩，现在已经用不着花时间继续深造了。作为皇帝，书法只是一种细枝末节的爱好，不应成为主要爱好。从古至今，所有圣君明主都以德行治理天下，艺术的精湛，对苍生并无补益。像汉成帝、梁元帝、陈后主、隋炀帝、李后主、宋徽宗、宋宁宗，他们可以说是大音乐家、画家、诗人、词人，以及书法家、鉴赏家。尽管这些身份听着很不错，但他们忘记了一点：他们是皇帝。一味沉湎在艺术之中无法自拔，从而使朝政不修，最终导致亡国的皇帝不少，陛下当以历史为鉴。

于是，万历的书法爱好就此止步。之后，他可能时时会想，若当年一直坚持写下去，时至今日会不会已成为明朝第一流的书法名家呢？这自然是一个难以预料的问题。但有一点是可以明确的，那就是他的人生从此似乎少了些许乐趣。而且这种缺失随着年纪的增长，越来越明显，甚至内心产生悔恨。

在钱财上，作为老师的张居正也给出了自己的标准答案。万历曾经想给自己的两位母亲（陈皇后、亲生母亲李贵妃）修缮一下皇宫表示孝心。这事传到了张老师那里后，竟被一顿训斥。张先生认为皇宫已经十分豪华，无须再修缮，皇帝要以节俭为主，不应铺张浪费，否则就不是一个好皇帝。

这些答案，他都懂。问题是万历不理解张老师与众不同的所作所为。

张老师的去世，让他看到了一个与平日里不一样的张老师，这多少让他始料未及——一直站在道德制高点的张老师，私底下却言行不一。张老师的私生活很丰富，小日子也过得很奢侈，关键是张老师还有很多古玩字画，家中还有很多绝色佳人，这些都是他这个皇帝向往却没有实现的。

如此反差，让万历对张老师多了几分恨意，少了几分敬重。

当这种敬重渐渐变淡，万历内心深处总是涌出一股莫名的愤怒。一想到这十年来，自己作为"九五之尊"却被限制在皇宫里，既不能为母亲建新房，也不能有自己的书写爱好，甚至因为没有钱赏赐宫女，用钱时还要让自己这个大明皇帝在记录册子上写"等以后有钱再给"的话，而他的"好老师"却过得如此肆意快活。

于是，万历有了个想法。很快，这一想法就被下面的人捕捉到了。

张老师的被参，是从潘晟被弹劾开始的。万历十年（1582年）六月，首辅张居正病将不起，万历亲自前去问候。"闻先生糜饮不进，朕心忧虑。国家大事，当一一为朕言之。"张居正力疾疏谢，并上密奏，举荐礼部尚书潘晟、吏部左侍郎余有丁入阁。随即，赋闲在家的潘晟被要求立刻启程赴京。然而，就在张居正去世后第四天，张四维成了首辅，潘晟则以原官兼武英殿大学士。潘晟作为大明最具才华的礼部尚书（殿试夺得榜眼），本来是大有前途的，不幸的是，由于他是张老师举荐的，于是弹劾的奏疏不断，潘晟只好在赴京的途中上疏辞职。这是一个信号，一个足够让世人明白万历意图的信号。

事实证明，潘晟的做法是正确的，这世间总有人在时时刻刻窥视皇帝的一切。这件事情一经公布，引起的轩然大波便迅速在整个大明蔓延开来。

那些往日被张居正压制、被呵斥，甚至被降级的人，以及戳到痛处的士大夫、反对者，立马闻风而动。大批张居正生前亲自提拔的官员被参劾，甚至那些间接与张居正有关系的官员都遭到了各种弹劾。到万历十年年底——张居正去世仅半年，这些人的结局就敲定了，不是提前退休，就是被撤职。

三

万历十二年（1584 年），张居正家被抄。直到数个月后，万历下诏曰："张居正诬蔑亲藩，侵夺王坟府第，钳制言官，蔽塞朕聪。私占废辽地亩，假以丈量遮饰，骚动海内。专权乱政，罔上负恩，谋国不忠。本当斩棺戮尸，念效劳有年，姑免尽法追论。伊属张居易、张嗣修、张顺、张书，都发烟瘴地面永远充军。"①

①［清］谷应泰：《明史纪事本末·江陵柄政》。

为彻底除掉张居正的影响力，朝廷还赶走了一个人，这个人就是太监冯保。

冯保身为张居正强有力的支持者，只要他不走，一切不过是小打小闹。事情往往总是那么凑巧，你想什么就来什么。恰逢皇太子出生，冯保想封伯爵，但新任首辅张四维用没有先例来责难他，最后只同意给他的弟侄一个都督佥事的官职。冯保发怒说："你靠谁得到今日，却背叛我！"

就这一句话，事情立即发生了翻天覆地的变化。

万历十年（1582年）十二月初八，江西道御史李植上疏弹劾冯保十二大罪状。重点在徐爵与冯保挟诈犯法。一看冯保被盯上了，司礼监太监张诚、张鲸立马给万历透露了一个重大的消息——冯保家很有钱，据说数额超过了皇家。

无疑，这是一个意外的绝好消息。万历心动了，但他还是有些担心，毕竟冯保的身后还有自己的母亲，以至于他忍不住问张鲸："如果大伴①走上殿来，我如何办？"

张鲸说："既然有了圣旨，他哪敢再进宫！"

万历对张鲸的话深以为然，因此他当即在圣旨上批示："冯保欺君蠹国，罪恶深重，本当显戮。念系罕考付托，效

---

① 也称"伴伴"，皇帝近身太监的通称。此处指代冯保。——编者注

劳日久，故从宽着降奉御，发南京新房闲住。"随后开始查抄冯保的家产，发配他往南京孝陵种菜。之后，冯保"谪死于南留都，葬于皇厂。林木森然，巍峨佳城……"①

此后一切都变得容易多了：张居正在位时的一切改革变法逐步取消了；往日官员不得任意乘驿的禁例取消了；考成法取消了；外戚封爵不得世袭，也一概可世袭了。一切在那么一刻，权力似乎回到了万历皇帝手中。

万历可以毫不客气地说，没了张老师，他这个皇帝再也用不着忍受各种限制，他可以放手干自己想干的事。

但他很快就发现自己错了，他在花费大把的时间和精力摆脱张居正、冯保的影响力后，所得到的似乎并不比他们两个在时多。换句话说，他作为大明的皇帝，即便没有张居正的约束，也还有朝廷文官的约束。除了从冯保那里弄了点钱财外，他得到的并不多。

比如，他不喜欢王恭妃（明光宗的母亲，万历十年册封宫女王氏为恭妃）所生的皇长子（明光宗朱常洛），而宠爱郑皇贵妃，并且有意立其子皇三子朱常洵为太子。这个想法一说出，立刻受到大臣与慈圣皇太后的极力反对。为了这件

---

① ［明］刘若愚：《酌中志·卷五》。

事，双方前前后后争吵了十五年之久，无数大臣被斥、被贬、被杖打。为此，他身心交瘁，郑贵妃也是悒郁不乐。这件事让他意识到，自己虽贵为天子，还是被群臣所制，最终只得和大臣闹掰，消极怠政长达三十年之久。

四

这种挫败感，随着时光的流走，竟变得越发明显。

在张居正去世五年后的一个寻常的日子里，已经做了十五年皇帝的万历，忽然在皇宫里想起了老师张居正，十几年前的时光宛如历史书在眼前一晃而过。他忽然动了情绪，破天荒地下一道圣旨到工部。他想让工部查一查张居正在京城的住宅被没收后，有没有人去居住，为什么过了这么长时间，朝廷还没有卖掉这座宅子。

史书没有任何记载这次回复，我们甚至不能猜出万历皇帝此举的目的。但细细品味之下，总能找到些许蛛丝马迹。五年的时间，足够让人忘记一切，也足够让人心平气和地去看待一切。

万历当初的那股血气似乎已经淡然，取而代之的是某种无法言明的怀念。他的老师或许个人品德并非完美无缺，但终究辅佐了十年。十年时间说长不长、说短不短，想要彻底忘记，还是做不到。即便他是皇帝。

目　录

万历

被历史遗忘的才能

一

作为大明第十三位皇帝，万历皇帝朱翊钧的个性颇像祖父嘉靖皇帝。在万历做皇帝的四十八年里，虽有很多看似不着痕迹的小事，实则背后都有他的指示。如果我们简单地认为，在万历十年之前的大部分时间都是两宫皇太后（陈皇后、李太后）、司礼监太监冯保和内阁首辅张居正四人把持朝政，皇帝朱翊钧仅是摆设，那就大错特错了。

朱翊钧刚继承皇位就面临一个大问题，这就是"柄臣相轧，门户渐开，而帝未能振肃朝纲，矫除积习"。实际上，这个问题从他祖父嘉靖皇帝开始，便随着夏言、严嵩、徐阶、高拱等人的推波助澜，成为如今的大问题。对于十岁的朱翊钧而言，如何解决这个问题是他帝王生涯第一个重大考验。

按照隆庆皇帝（朱翊钧的父亲）临终时的安排，首辅高拱是自己的老臣，而且能力出众，应当排在顾命大臣的首位。如此一来，朱翊钧对内可以依靠司礼监太监冯保，对外则可以依靠高拱和张居正等人。

这个安排看似合理，但隆庆皇帝还是忽略了高拱的能力和野心。高拱喜欢以才略自许，盛气凌人，"性迫急，不能容物，又不能藏蓄需忍，有所忤触之立碎。每张目怒视，恶声继之，即左右皆为之辟易"。① 可见，高拱很是专横跋扈。而且他尤其不喜欢司礼监冯保，两人关系可谓水火不相容。

此前，司礼监职位空缺，高拱先后推荐了陈洪、孟冲，唯独不想让冯保做掌印太监。如果说，这两人能力和威望比冯保要好也算了，偏偏这两人无论是在能力上还是威望上都不及冯保。冯保知书达礼，又喜爱琴棋书画、很有涵养，所以很受隆庆帝的喜爱。因此在隆庆帝驾崩的空当，冯保利用皇权更迭之间的权力真空，轻松地通过一道遗诏，驱赶了孟冲，让自己做了掌印太监。

这对朱翊钧和冯保而言都是可以接受的，一个是新皇

① ［明］王世贞：《嘉靖以来首辅传·高拱》。

帝，一个是他的大伴，且能力出众。但两人都忽略了高拱的脾气，因为这对高拱来说是不能容忍的，欲对冯保除之而后快。

在高拱的授意下，工科都给事中程文、吏科都给事中雒遵、礼科都给事中陆树德一起弹劾冯保。眼见一场争斗不可避免。最终，冯保联合次辅张居正，抓住高拱在内阁里说的一句"十岁太子如何治天下"，成功反杀。

当时，冯保将这句话加以改编，改成了"高公讲，十岁小孩哪能决事当皇帝"。十岁的朱翊钧听后惊恐万分。然而，在这件事上，朱翊钧也充分展现了自己的能力，他既没有过问高拱说此话时候的情景，也没有去调查这句话是否属实，而是在隆庆六年（1572年）六月十六日将高拱就地免职，让次辅张居正取代了高拱。

关于这件事的主要人物，或许我们只看到张居正、冯保的身影，甚至朱翊钧的母亲李贵妃的影子；但放大了看，我们也能发现朱翊钧对这件事的影响。要知道，当时高拱一走，高仪惊得呕血三日而亡。如今，三位内阁顾命大臣中只剩下张居正一人，而且此时的大明可谓内忧外患，如何治理变得困难重重。但朱翊钧既没有畏缩不前，也没有胡乱安排，而是牢牢抓住了张居正，充分信任并重用张居正，并进行了改革，最终开创了万历前十年的中兴。

这十年时间，我们可以看到，朱翊钧始终抓着"用人唯我"、生杀予夺的皇帝权力。

二

隆庆六年（1572年），有流星坠地。

九月初三的夜晚，一颗米粒大小的流星忽然变大，赤黄色光芒四射，将整个皇宫都照亮了。这对于敬畏天变的皇帝和大臣而言，流星坠地是一件非同小可的事情。为此，朱翊钧连夜在室外焚香祈祷，祈求上苍保佑。

这事儿，不知如何被当时的广西道监察御史胡涍给知道了。没多久，胡大人就给朱翊钧送了一道奏疏。奏疏里，他认为这次的星变和宫女有关，并由此展开议论。他还认为，上苍之所以有这次星变，是因为嘉靖、隆庆两朝的宫女闭塞后宫，老者不知所终，少者实怀怨望，寡妇旷女愁苦万状。由此，他向朱翊钧提出应该及早释放宫女，并且无论老少，都释放出去。为了让自己的理论站得住脚，他还引经据典，以大唐武则天为例子，"唐高不君，则天为虐，几危社稷"。①

第二天一早，在文华殿读完书的朱翊钧就拿出了胡涍的奏折，指着"唐高不君，则天为虐"一句询问首辅张居正这句话的背后意义。张居正自然知道这是皇帝要惩罚胡大人，本着多一事不如少一事的意思，张居正告诉朱翊钧："这个人迂腐漫言，虽狂妄，却无心之言。"

三

很明显，张居正小看了朱翊钧的脾气，很快朱翊钧就要求内阁进行票拟。最终，内阁票拟将胡涍革职为民，但事情没有就此完结。

虽然作为御史，胡涍的上奏很狂妄，但也属于职责本分。因此不少官员并不认为胡涍有错。仅过了两天，就有兵科都给事中李己上疏为胡涍求情："人君善政不一，莫大于赏谏臣；疵政不一，莫大于黜谏臣"；"胡涍官居御史，补过拾遗，绳愆纠谬，乃职分所宜。今一语有违，即行遣斥，恐自今以后，阿言顺旨者多，犯颜触忌者少"。② 他的这段

①《明外史·陈吾德传》。
②《明神宗实录·卷六》隆庆六年十月庚辰。

话就阐述了一个事实，即胡涍只是完成自己本职工作，说了一些皇上不喜欢的言辞就被罢免了；皇上这样做，以后的朝堂之上只怕没人敢说真话了。所以，他希望皇上不要过于深究，对胡涍薄加惩戒，或令复职。

这番话多少带着劝说的意思，也有几分道理，但朱翊钧置之不理。这位年仅十岁的皇帝很有主见！在他看来，这些大臣是看着自己年幼，纷纷指责皇帝办事，而作为一个聪明的皇帝，从来不会被大臣牵着鼻子走。

这一番心思，外面的大臣并不知晓，只是固执地认为皇帝不明事理。于是，万历元年（1573 年）正月十二日，户科给事中冯时雨重新提起了这件事。其实，他上的奏疏中的第五条和胡涍的意思差不多，建议对皇宫里的宫女进行大检查，凡是没有经过隆庆帝"御幸"的，全部释放出宫。当然，最后也没忘拐弯抹角地提出饶恕胡涍，让其复职的意思。

此时，事情已经过去了好几个月，朱翊钧的心情平复不少。重新面对这件事时，已没了当初的怒气，因此也能用平常的心态去看这件事。对于冯时雨提起的其他大事，朱翊钧都给予赞许，但对释放宫女、起用胡涍这两件事绝不松口。不过，他在奏疏上对这件事还是做出了批示："本朝事体与前代不同，今在宫妇女，不过千数，侍奉两宫，执事六局，尚不够用。又多衰老，出无所归。胡涍狂悖诬上，朕念系言官，姑从轻处。如何与他饰词求用！"①

可见，朱翊钧已在批复中明确指出对释放宫女的看法。即皇宫里的宫女并不多，且还要侍奉两宫圣母、执事六局，根本不够用。这些不明事理的言官，却一直揪着不放，完全就是胡闹。当然，如果事情搁在一般没有主见的皇帝身上，也就妥协了。

朱翊钧一生最大的诟病是在万历十年（1582），在首辅张居正去世后，查抄了冯保、张居正的家产，并将其全部搬入宫中，归自己支配。

为了掠夺钱财，他派出宦官担任矿税使，四处搜刮民财。

朱翊钧三十年不出宫门、不理朝政、不郊、不庙、不朝、不见、不批、不讲。以致内阁出现了"人滞于官"和"曹署多空"的现象。到万历四十五年十一月，更是"部、寺大官十缺六七，风宪重地空署几年，六科只剩下四个人，

① 《明神宗实录·卷九》万历元年正月癸酉。亦可参见 [明] 钱一本《万历邸钞》万历元年癸酉卷，春正月。

十三道只剩下五人"。①

四

总之，在朱翊钧登基的前十年，即便有张居正、冯保当政，他依旧坚持自己的意见，做到相对独立，说明他从不是一个庸人。即便如此，他在张居正去世后，曾短暂勤政，后又迅速开始三十年不上朝的执政方式。

这三十年里，朱翊钧贪酒、贪色、贪财又贪权，即便如此，在他做皇帝的四十八年时间里，并没有宦官之乱，也没有外戚干政，甚至没有出现严嵩这样的奸臣，朝内党争也有所控制；对于女真等外部势力，他都做过有力的回击；甚至在他最后的日子里，依旧能通过一定的方式控制朝局。从这几点上看，他算是一个能力出众的皇帝。然而，他也给后世留下了一个难题：明朝这艘早已是千疮百孔的大船，在三十年没有掌舵者的情况下，他会漂向何方？

---

① ［明］钱一本：《万历邸钞》万历四十五年丁巳卷，十一月。

朱常洛

风起于青萍之末

一

明万历十年（1582），为大明呕心沥血了十年的内阁首辅张居正病逝。万历皇帝为之暂停朝议，赠张居正为上柱国，谥"文忠"。毫无疑问，他配得上这份殊荣。

而在历史的角落里，我们忽略了另外一个人——朱常洛。正是由于他的出生，为万历十年以后的三十八年里，甚至在整个明朝剩余的七十几年里，带来无穷后患。

泰昌帝朱常洛的出生完全是一场意外。根据史书记载，他的母亲王氏原为慈宁宫的一名宫女，在万历九年（1581年）的某一天，万历皇帝去往慈宁宫向慈圣皇太后请安。皇太后刚好不在，一旁的王氏便端来了一盆水伺候万历皇帝，让他洗手。

这个动作或许很温柔，又或者在那一刻，王氏身上散发的女性气息吸引了年轻的万历皇帝。他一时兴起，宠幸了王氏。

这次意外事件后没多久，万历便将这件事彻底忘记了。但无法否认的是王氏有了身孕。

得知一切的慈圣皇太后既没有怪儿子荒唐，也没有怪王氏知情不报，而是回忆起自己的前半生，宫女出身的她仿佛从王氏身上看到了自己的影子。

大明的开国皇帝朱元璋在很早之前就给自己的子孙后代定下了一系列的规矩，其中一条就是后世子孙做皇帝的必须娶平民女子。朱元璋事无巨细地把给子孙们选老婆的事都定下来了。目的很明确，那就是防止皇后家族有势力，搞出来像东汉那样的外戚干政的事情来，所以规定皇后必须出自民间。

万历生母慈圣皇太后并不是刻意选出来的，而是出于一次意外。

慈圣皇太后出身低微，家住京郊漷县（即今北京通州区东南部），籍贯则是山西翼城。为了生存，她入宫做了被称作"都人"的一般宫女，后被分到裕王府里侍奉嘉靖皇帝的第三子（即后来的明穆宗）。由于裕王看中了她，使她有了身孕。嘉靖四十二年（1563 年）她十九岁时，生下第一个男孩朱翊钧。而她也母凭子贵，由裕王侧妃升级为皇贵妃。这段辛酸的过往，让慈圣皇太后对王氏眼前的景象多了几分同情，同时也为有了孙辈而感到高兴。

二

一天，万历皇帝再一次来到了慈宁宫赴慈圣皇太后酒宴。慈圣皇太后借着酒席的欢乐气氛向万历皇帝提起临幸这件事。但这终究不是一件光彩的事，任何男人都不愿意承认，即便是皇帝也不例外。

起先，万历皇帝是否认的，并表示自己没有做过这件事。不过，很多事情是容不得抵赖的，慈圣皇太后只是让左右太监取来《内起居注》①让万历自己看。事实摆在面前，万历皇帝窘迫无计，只得承认了。

见万历一脸不情愿，慈圣皇太后说出了自己的观点："吾老矣，犹未有孙。果男者宗社福也。母以子为贵，宁分差等耶？"②这个观点合情合理，无论对万历还是对皇室都

① 指皇帝在宫中的生活起居记录，由宫内修撰，传汉武帝时宫中有起居注，此后各朝史官记注皇帝言行，称起居注，为官修史书主要来源之一。
② 《明史·卷一百一十四·列传第二·孝靖王太后传》。

是一个不错的选择。于是，万历勉强封王氏为恭妃。

一切似乎命中注定，万历十年（1582年）八月，王恭妃果然生下一个男孩，这个男孩就是本篇的主角——朱常洛。

由于当时宫中称宫女为"都人"，万历因此称朱常洛为都人子。

不管万历皇帝多么不喜欢这个男孩子，但不可否认的是，这个男孩子的到来还是让他感受到一丝成为父亲的喜悦。于是，万历下诏全国减税免刑，派使节通知和本朝关系友好的域外邦国。

事情到了这一步似乎也不算太坏，父亲虽然没有多么疼爱他，但有母亲的爱，还有祖母的疼爱，甚至父亲也承认了自己，相信在未来的日子里只要自己好好表现，顺利继承大明江山问题应该不大。

但历史的奇妙之处在于，总在你毫无准备的情况下，给你送来一点意外。

对于朱常洛而言，历史带给他的意外就是弟弟朱常洵的到来。万历皇帝众多的妃嫔之中，万历独独喜欢郑氏。郑氏能得到万历皇帝的宠爱，并非她的美貌，更多是来自她的聪慧和敏锐，尤其是她通晓诗文，让她浑身上下带着一股独有的气质。除此之外，郑氏似乎也很早就懂得一个道理，靠美貌获得专宠，那不过是一时的宠爱，唯有与皇帝达成心灵上的共通才是长久之道。所以，我们能看到这样一种景象：其他的妃嫔表面上对万历都是百依百顺，但心灵深处对皇帝保持着某种警惕，唯独郑氏例外。她一点都不怕万历，还敢当万历的面批评万历的优柔寡断："陛下，您真是一位老太太！"除此之外，她总能及时聆听万历的倾诉，替他排忧解难。在名分上，她属于姬妾；但在精神上，她已经不是姬妾，而早已变成万历身边最重要的人。因此，她常常肆无忌惮地抱着万历的腰，抚摸着他的头，即便是说话那也是平等的姿势——这种在当时所有文武大臣看作大不敬的行为，她都做了。而这种独特的行为方式，给了万历皇帝一种从未有过的感觉，两人如寻常夫妻一般的精神交流，让万历沉迷其中而无法自拔。

基于这些，万历将她引为人生知己而更加宠爱。不到三年时间就把她由淑嫔升为德妃，继而再升为贵妃。

对于朱常洛而言，万历十四年（1586 年）正月初五是一个让他感到恐惧不安的日子。这一天，他的弟弟朱常洵出生了。与他的到来不同，父亲万历皇帝对这个弟弟十分宠爱。朱常洵出生当天，万历即宣布二月晋封朱常洵的母亲郑氏为皇贵妃，地位仅次于皇后。并命人取太仓银十五万两，用来庆祝皇三子出生。这与对恭妃母子冷落的态度形成了鲜明的对比。然而，万历不知道的是，因为他的偏爱，给自己也给大明带来了一场长达几十年的争斗。

万历对皇三子的过度偏爱，引起了朝廷内外大臣的警觉。他们敏锐地察觉到一个棘手的问题已然出现：册立谁为太子？册立皇长子朱常洛，还是册立皇三子朱常洵。这是关乎国本的大事？容不得半点马虎。

就在万历沉浸在皇三子到来的喜悦当中时，群臣已经蠢蠢欲动了。

恰逢当时京城有传言，万历与郑氏曾秘密到大高玄殿"祷神盟誓"，相约立皇三子朱常洵为太子，并且将密誓御书封缄在玉匣内，由郑贵妃保管。我们姑且不说这个流言是真是假，但有一点可以明确。那就是万历如果真的盟誓，就等于违背了祖宗制度，势必引起更严重的问题。

流言事件没多久，群臣就纷纷上奏，要求皇帝尽早册立皇长子朱常洛为太子，以破除流言。一时之间提到皇储的奏章。足足有上千件，弄得万历苦不堪言。

在奏章中，很多官员并不直接将矛头指向万历，而是指向郑氏，理由是后宫干政，且言辞犀利。郑贵妃受不了，就将这个难题推给了万历。见心爱之人被一帮文臣弄得灰头土脸的，万历十分恼火，就找到了首辅申时行，要求他把这事儿给解决了。

作为首辅，申时行毫无疑问是合格的，他似乎早就预料到了这一天。因此他在皇三子朱常洵出生以前，即万历十四年，便以首辅的身份给万历皇帝上了一道奏疏。在奏疏中，他以明英宗两岁、明孝宗六岁被立皇太子为例，要求册立皇长子朱常洛为太子。虽然说这个要求合情合理，但他忘记了万历皇帝的心病。王氏是万历不光彩的过去，儿子朱常洛是不光彩的过去留下的见证人，所以从内心深处，他对这个女人和这个女人生的长子没有一丝一毫的疼爱。作为一个拥有大明江山的皇帝，他实在不愿意将祖宗的江山交给一个自己不喜欢的女人生的儿子。最后迫于压力，他以皇长子年龄尚小为借口推脱过去，不过也松口说等两三年后再说。

这固然是一个承诺，但谁都看得出，这个承诺多少有些敷衍。这就不能不令早就疑心重重的大臣怀疑万历要废长立幼。他们不愿因对此事让步而被记入史册，让后世觉得朝中无忠君爱国之士。所以在这件事上，没有人退后，甚至很多人从中嗅到了一丝青史留名的机会，进而选择了铤而走险。

就在万历册封郑贵妃的当天，户科给事中姜应麟、吏部员外郎沈璟等人纷纷请求册立东宫。其中姜应麟在奏疏中对万历的举措破口大骂："贵妃所生陛下第三子犹亚位中宫，恭妃诞育元嗣翻令居下。揆之伦理则不顺，质之人心则不安，传之天下万世则不正，非所以重储贰、定众志也。伏请俯察舆情，收还成命。"[1]此举让万历愤怒异常。他将其奏折丢在地上，愤怒地对左右的太监说："册封贵妃，初非为东宫起见，科臣奈何讪朕！"然后又降旨："贵妃敬奉勤劳，特加殊封。立储自有长幼，姜应麟疑君卖直，可降极边杂职。"[2]马上，姜应麟被降为大同广昌典史。但此举显然没有起到应有的作用，姜应麟的下场反而激发了群臣上奏的欲望，一时之间南北两京数十人上疏申救，万历只能压着心头怒火，对群臣的奏章置之不理。

这事态的发展显然影响了万历，至少他看到了群臣的态度。

此后的岁月里，他一方面信任重用首辅申时行，另一方面将自己彻底沉浸在后宫佳丽之间，期待着记挂在心头的这件烦心事经过时间的冲刷，让世人渐渐遗忘或者从历史中抹去。

---

①《明史·卷二百三十三·列传第一百二十一·姜应麟传》。
②《明史·卷二百三十三·列传第一百二十一·姜应麟传》。

这无疑是一种自我催眠的做法。但比起遗忘，万历一朝的大臣似乎更愿意记住。尽管这件事前前后后已经折腾了四年之久，可群臣没有一天忘记这件事的存在。

三

万历十八年（1590年），被搁浅了四年之久的问题，再一次被群臣摆到桌面上。相比前几次的不温不火，这次群臣的决心显然要大得多——他们集体要求册立皇长子朱常洛，并且杜门请辞。与其说这是谈判，不如说这是给万历施压。迫于压力，万历妥协了，他明确告诉群臣自己将在万历十九年（1591年）或皇子十五岁时册立，之后又推说延至万历二十年（1592年）春册立。这个答案并不是群臣想要的，但基于前面几次的成果，两相比较之下，显然这个结果要好得多。再加上首辅申时行从中周旋，群臣默认了这个结果。

事情似乎得到了圆满解决，但这场注定要耗费万历皇帝半生精力的大事，只是刚开始。

次年八月，工部张有德提议需要动工准备，却被万历以不准奏扰为由罚禄三月。首辅申时行明里与大臣等人上疏反对，暗中瞒着群臣向万历表明辩白。此事不小心竟被曝光。至此，首辅申时行名誉扫地，被弹劾后只得辞职返家。

随着群臣不断攻击万历皇帝，导致万历身边的宦官也不知不觉参与其中。他们开始向外廷传递一些秘闻，于是万历皇帝的日常生活一点一点传了出去。再加上万历常以"头眩"为由不举行早朝，那些大臣又发起新一轮"攻击"。事态慢慢开始发酵，万历被彻底激怒了，遂动用了大明最高规格的刑罚——廷杖。

万历首先拿礼部尚书洪乃春"开刀"。他以上疏干涉皇帝"私生活"的罪名，被拖到午门外廷杖六十，然后削职为民，以致愤郁而死。众大臣或被削职，或被廷杖。一时之间，风声鹤唳。之后，事情却在一个特殊的时间里悄无声息地解决了。

解决这件事的人是一个女人——万历的母亲，我们前文所说的慈圣皇太后。

万历二十一年（1593 年）正月二十二日，在慈圣皇太后生辰之时，大学士王锡爵抓住了机会，再一次向万历提出立嗣之事。虽然拉锯的时间已有数年，但万历给出的理由依旧是："中宫有出，奈何？"

王锡爵趁机亮明态度："此说在十年前犹可，今元子已十三，尚何待？况自古至今，岂有子弟十三岁犹不读书者。"意思是这个借口您已经用了十年了，现在皇长子已经十三岁了，天下哪还有十三岁的皇子不读书的道理呢？

这句话似乎触动了万历皇帝的某处神经，又或者争论多年，万历似乎从内心深处对这个大儿子有了些许亏欠感，在王锡爵上奏一年后，即万历二十二年（1594年），他终于向天下宣布，命皇长子朱常洛出阁读书，辅臣轮流侍班，礼节依太子出阁读书的旧制。

这个结果纵然并不理想，但不否认群臣取得了局部胜利。毕竟皇长子朱常洛读书了，离册封皇太子不过一步之遥。

这无疑是多数大臣的看法，包括当时的王锡爵。然而，他们低估了万历对皇三子的爱，在下了这道诏书之后，万历重新进入了遗忘状态，而且一忘就是五年之久。

眼看着事情即将进入一场更长久的拉锯战，关键时刻，慈圣皇太后站了出来，她把儿子（万历皇帝）叫到跟前，一脸责备地问他："你为什么不把朱常洛立为太子？"

"因为他是宫女的儿子。"万历皇帝漫不经心地给出了隐藏在心头多年的答案。

他并不知道这个答案将会为这件事画上句号。只见他的母亲，慈圣皇太后怒斥儿子说："别忘了，你也是宫女的儿子！"

一锤定音！

万历二十九年（1601年）万历立虚龄已二十的皇长子朱常洛为太子。至此，这件前后纷争达十五年之久的国本之争，在慈圣皇太后干预下落下了帷幕。

但这并不意味着事情结束了。

四

朱常洛永远不会想到，这场册立影响太过深远，以至于在十五年的时间里，一共逼退内阁首辅四人（申时行、王家屏、赵志皋、王锡爵），涉及的其他官员多达三百余位，其中一百多人被罢官、解职、发配充军。毫不客气地说，他成为太子，带给文官的是胜利、带给父亲万历的唯有屈辱和仇恨。为了表达自己内心深处的不满，万历不再出席朝廷政务。

即便是官员想要离开，身为皇帝的他既不慰留，也不准离职。吏部提出的各种建议，他同样束之高阁，不予理会。而职位的缺空，他宁可让它空着也不派人递补，一直到万历去世，这个矛盾都没有调和。

而朱常洛身边人对他的态度，也没因确立太子之后改变多少。如他出阁读书之时正值寒冬，太监竟然不给他生火取暖，让他冻得浑身发抖。直到讲官郭正域怒斥太监，才给他生火。此后，福王（朱常洵）又不赴封国长期逗留京师，于是大臣们又纷纷开始上书要求其按祖制离京赴封地居住。相比名誉地位而言，谁也没理会朱常洛窘迫的生活。

一直到万历四十三年（1615 年）五月，梃击案发生，郑贵妃、福王势力无法再对他构成威胁，朱常洛的日子才勉强好过一点。但此时的他，已经三十四岁了。而且所谓的好日子，也并不多了。五年后，万历皇帝驾崩，苦熬了三十九年的朱常洛终于迎来了人生最光辉时刻，成为明朝的第十四位皇帝——泰昌帝。然而，戏剧性的一幕在他身上发生了——这个经历了国本之争、梃击案等重大历史事件的苦命人，却因吃了一粒并非御医进呈的红丸，在夜里猝然死去，在位仅仅二十九天。

慈圣李太后

此一时彼一时

一

万历八年（1580年）二月，万历皇帝十八岁。按照朝廷的规矩，已然是亲政的年纪，但这个时候的朝政仍由首辅张居正主持。而且在张首辅的巨大威望下，朝廷上下只知有首辅不知有皇帝，这是一个十分危险的信号。

身为首辅的张居正对于这点有极其清醒的认知，他早就开始思索自己身后事，毕竟皇帝已经长大了。为此他上了一道奏疏，请求退休。疏中说："每自思惟，高位不可以久窃，大权不可以久居。然不敢遽尔乞身者，以时未可尔。今赖天地祖宗洪佑，中外安宁。大礼大婚，耕耤陵祀，鸿仪巨典，一一修举。圣志已定，圣德日新。朝廷之上，忠贤济济。以皇上之明圣，令诸臣得佐下风，以致升平，保鸿业无难也。臣于是乃敢拜手稽首而归政焉。"①

应该说这封奏疏写得颇有感情。在奏疏中张居正回顾做首辅的八年生涯。在这八年的首辅生涯里，他天天面对闲言恶语。即便如此，他仍时刻告诫自己不能辜负皇上的恩情。之所以拖到今天才打这个报告，完全是为了报答先帝当年托孤的信任和礼遇。

这也是此时此刻张居正内心深处的最真切想法。客观上说，经过八年努力，大明在他的手中已重获新生。无论军事上、人事上，还是经济上基本步入正轨。最重要的一点，万历皇帝已经十八岁了，纵然他再不愿意，"亲政"也是迟早的事情。

相比之下，张居正已经五十六岁了，头发胡须都已花白，身体一日不如一日。换句话说，就算他想继续干下去，早已被繁重政务掏空身体，也不允许他干下去了。与其这么耗下去，不如早点退休更好。

因此，这份奏疏可以算是张居正八年首辅生涯里对自己的一次谋略。如果万历同意了，张居正去世后的大明王朝和他的家族也许会是另一番景象。

① 《张文忠公全集·归政乞休疏》。

然而，历史没有如果。

面对张居正的这个请求，十八岁的万历皇帝显然没有做好准备，或者说这件事来得太过突然，一时之间难以定夺。所以万历在第一时间下圣旨对张居正进行挽留："卿受遗先帝，为朕元辅，忠勤匪懈，勋绩日隆。朕垂拱受成，倚毗正切，岂得一日离朕！如何遽以归政乞休为请，使朕恻然不宁。卿宜思先帝丁宁顾托之意，以社稷为重，永图襄赞，用慰朕怀，慎无再辞。"①

在潜意识里，万历皇帝知道已经可以放张先生回去了。但现实告诉他还不到时候。

二

就在万历犹豫的当口，无比清醒的张居正在两天后，再次上了一份奏疏："自壬申（隆庆六年）受事，以至于今，惴惴之心无一日不临于渊谷。中遭家难，南北奔驰。神敝于思虑之烦，力疲于担负之重。以致心血耗损，筋力尪隤（疲极而病），外若勉强支持，中实衰惫已甚。餐荼茹堇，苦自

①《张太岳集》。

知之。恒恐一日颠仆，有负重托。"①

和第一封奏疏相比，一种不安的情绪开始萦绕在张居正心头，所以他在这封奏疏里给万历皇帝提出了一个比较妥当的方案，那就是自己不退休，只是请长假。如果以后遇到朝廷大事，只要万历一召唤，即刻返回朝廷。

应该说，这个方案让万历有些心动，但年轻的他依旧拿不定主意。思来想去，他将张居正要退休的事情告诉慈圣皇太后，并且让她帮忙拿个主意。这是他多年养成的习惯，本意是让慈圣皇太后给个参考，却不想慈圣皇太后极力挽留张居正："张先生亲受先帝付托，岂忍言去！待辅尔到三十岁，那时再作商量。先生今后再不必兴此念。"②

至此，张居正的退休之路彻底断绝了。事情到了这儿很明显，那就是慈圣皇太后对儿子亲政的能力还是有所怀疑，与其让儿子去试探，不如一如既往地信任张居正，让他辅佐自己的儿子到三十岁再说。那时儿子也历练了，张居正年纪也大了，两全其美。

我们不能说慈圣皇太后的顾虑是错的。因为这个在万历初年展现出过人能力的女人忽略了一点，万历已经是一个

①《张文忠公全集·归政乞休致疏》。
②《张太岳集》。

十八岁的大人，而且还是个皇帝。敏感和早熟的他，已经不是那个早上五点钟被她叫起来的孩子了。我们可以想一下，当听到慈圣皇太后那句"待辅尔到三十岁，那时再作商量"时，万历内心作何感想？本就属于自己的东西，却被别人握在手里八年；本可以拿回来的东西，却还要再耐心等待十二年，巨大的愤怒已蔓延开来。

他无法将这股不满归罪于自己的母亲，只能将这份不满转移到死后的张居正身上。而这一等就是两年。

在万历八年上书申请退休没通过后，张居正拖着病体继续干了两年首辅。尽管他的年纪并不大（五十八岁），但老天爷还是没有放过他——在万历十年（1582 年）的六月二十三日病亡。万分悲伤的万历皇帝为此辍朝一日，追赠张先生为太师、上柱国，谥文忠。在这一刻，该给的不该给的荣誉，万历都给了。

三

从万历最初的表现来看，他的悲伤并不是假的。或许在那一刻，他想起了张居正对自己的好，又或者他内心深处确实感谢张居正十年来对自己的照顾。

只是这份悲伤并没持续太久，仅四天后，他就拉开了清算张居正的大幕。之后的两年时间，万历更是剥夺了张先生生前的一切荣誉，他的家人也遭受了空前的灾难。至此，那个曾经对张先生毕恭毕敬、敬爱有加的年轻人对自己的恩师做出了总结性发言："张居正诬蔑亲藩，侵占王坟府第，钳制言官，蔽塞朕聪。私占废辽地亩；假以丈量遮饰，骚动海内。专权乱政，罔上负恩，谋国不忠。本当斩棺戮尸，念效劳有年，姑免尽法追论。伊属张居易、张嗣修、张顺、张书都着永戍烟瘴地面，永远充军。"①

毫无疑问，这是一个悲凉的结局。

当时唯一能阻止万历皇帝清算张先生的人，只有慈圣皇太后。这个在张居正生前给予极大信任的女人，此刻依旧有足够大的影响力。然而，现实非常残酷，面对儿子对张先生的清算，慈圣皇太后自始至终没有任何动作。

有人说，慈圣皇太后是瓦匠出身，地位低微。她由于家世不好，所以对钱财十分看重，因此她才会听信儿子的鬼话，相信张先生家中藏匿有大量的钱财。

这固然是一种可能，但并非主要的，这个万历初年颇具

---

① ［明］钱一本：《万历邸钞》万历十二年甲申，八月。

政治手腕和影响力的女人，却在张居正死后，对儿子的过激行为选择了沉默，无疑是一个奇怪的现象。

细细品味之下，只怕用《孟子·公孙丑下》中一句话来概括最为恰当。即"彼一时，此一时也。五百年必有王者兴，其间必有名世者。"意思就是说，时间不同，情况也会有变化。这句话用在万历十年最合适不过了。张居正生前不会对皇帝位置构成任何威胁，而且为人正直，忠心耿耿，十年努力，政绩斐然。这个时候，她自然对张先生信任有加。然而，未来是否还有第二个张居正，她并没有把握，万一有人效仿张居正，却又没有这份忠心，事情或许就会变得麻烦。

四

因此，借张居正死后的清算，警示将来可能觊觎皇权的首辅大臣，亦无不可。从这点出发，发生在万历年间的一件事也可以解释了：一次，名将戚继光连夜从蓟州前线赶到了北京城，一路随行的还有两名将士。只见戚继光将他们带到了首辅张居正的面前，当着他的面扯开了将士手中的棉衣，里面没有任何的棉，而是一块一块的破布，真是连黑心棉都不如。

看到眼前的景象，一心改革的张居正勃然大怒，下令彻查此事。不想查到最后，竟查到了一个不能再继续查的人。

因为，负责这批棉衣的是当朝慈圣皇太后的父亲武清伯李伟（皇帝万历的外公）。李伟负责后勤，这批衣物就是从他手里出去的。毫不客气地说，在万历年间除了皇帝外，没人敢去指责这个人，张居正也不例外。深知个中三昧的张居正犹豫再三，最终把此事告诉了慈圣皇太后，迫于张居正的压力，慈圣皇太后让他的父亲在大冷天站了很久，以示惩戒。

事情圆满解决，张居正不仅赢得了威望还减少了改革的阻力，戚继光和他的士兵也获得了质量更好的物资。但从结局来看，张居正输了。

万历十年（1582年），张居正遭到弹劾的时候，朝中有不少官员上书为张居正的家人求情。这时，一直支持张居正的慈圣皇太后却冷冰冰地回了一句："我父亲在罚站时，怎么没有人来求情呢？"从此，再没有人敢为张居正说情。

张居正

一石而千浪起

一

万历五年（1577年）九月二十六日，内阁首辅张居正的父亲去世。这个噩耗来得并不是时候，因为此时万历新政刚刚启动，张居正胸中的雄图伟业才刚刚付诸行动。按照明朝的规矩，父母去世，在外做官的儿子必须离任回到老家守孝三年，等服丧期满后才可回任办事。否则即是"忘亲"。这一点，张居正无疑是知道的。

若是在五年前他刚做首辅时，回去就回去了，可现在已然是身不由己，他推行的万历新政才刚刚走上正轨——一旦他回去了，谁知道三年后是个什么样呢？

正当张居正犹豫时，户部侍郎李幼孜似乎发现了首辅的担忧。因此他第一时间给万历皇帝上了一道奏疏，请求万历皇帝给张居正下一道诏书，让张居正"夺情"。

而作为张居正得力助手的司礼监掌印太监冯保也给出了夺情的意见，冯保这么做倒不是说他对张居正有多么深厚的情感，而是他知道当自己借慈圣皇太后的手除掉了前任首辅高拱后，便彻底得罪了高拱的门生故吏。加之他是太监出身，朝廷的那帮读书人从骨子里看不起他。如果张居正丁忧守制，首辅的位置就必须空出来，谁知道换上来的是个什么人呢，万一是死对头高拱呢。

基于这点，他对于张居正夺情这件事十分卖力。为了将这件事落到实处，冯保找到了自己最为信任的慈圣皇太后商量，结果不言而喻，历史上也留下了一句颇为玩味的话语："己卯，张居正父丧讣至，上以手谕宣慰……然亦无意留之。所善同年李幼孜等倡夺情之说，于是居正惑之，乃外乞守制，示意冯保，使勉留焉。"①

起先，万历并没有打算让张居正夺情，毕竟这不是一件小事。但冯保的一番话以及母亲的态度，终于让万历改变了主意，开始支持张居正夺情。

他下了一道圣旨到吏部，态度鲜明："朕元辅受皇考所

---

① ［清］谷应泰：《明史纪事本末·江陵柄政》。

付，辅朕冲幼，安定社稷，朕深切依赖，岂可一日离朕？父制当守，君父尤重，准过七七，不随朝，你部里即往谕着，不必具辞。"①

面对万历的操作，张居正很配合，他以最快的速度上了著名的《乞恩守制疏》。然后，态度坚决的万历给出的批复是："卿笃孝至情，朕非不感动，但念朕昔当十龄，皇考见背，丁宁以朕属卿，卿尽心辅导……朕冲年垂拱仰成，顷刻离卿不得，安能远待三年？且卿身系社稷安危，又岂金革之事可比？其强抑哀情，勉遵前旨，以副我皇考委托之重，勿得固辞。"②

这段话的意思很好理解，那就是万历皇帝还小，现在朝廷上下事事都离不开首辅，国事重于家事，君大于父，所以首辅必须留下来。

二

两人配合完成了这一步，一切似乎很完美。只是谁都没想到，往大海里丢了一块石头，有时也会激起千层巨浪。

①《乞恩守制疏》。
②《谢降谕慰留疏》。

为张居正留下来，还是返回老家，朝廷上下早已争论不休，其激烈的程度不亚于任何一场大型的辩论赛，就连天象都用上了。

万历五年（1577年）天上出现彗星。按照迷信的说法，是上天在给大明皇帝一点警示，照以前留下的规矩，新皇帝应该自我反省，最好下个罪己诏之类的诏书表明努力改正自己的错误，争取来年做个好皇帝。

但在这一年，没人将这个事放在皇帝的头上，他们更多地将目光投向了首辅张居正。他们认为这是首辅张居正没有及时回去给自己去世的父亲守孝的原因，所以上天才会出现彗星，给大明某种警告。因此皇帝应该第一时间准许张居正回家守孝，否则大明上下会有更大的麻烦。

很显然，他们的想法和万历并不一致。

在张居正和群臣之间，万历选择了张居正。

见万历迟迟没有让张居正回去的意思，翰林院的那帮编修开始坐不住了。

大明的翰林院，品秩不过相当于一个五品衙门，可以说尚不如一个地方府衙。但其特殊性和重要性，绝不是其他同品级部门所能比肩或代替的，尤其在人才培养和储备方面具有的特殊功能，绝对是大明最高规格。从天顺（明英宗）朝以后，出现了"非进士不入翰林，非翰林不入内阁"的大热门现象，这种超然的存在，给了他们提意见的资本。

而天上出现彗星这么大的事，若没有点意见，多少对不起翰林编修这个官职。

第一个跳出来的是一个叫吴中行的翰林院编修。[①] 这位来自南直隶武进县的翰林后进，给他的老师张居正上了一道《因变陈言明大义以植纲常疏》，在这篇大义凛然的文章里，吴中行苦口婆心地劝慰道：

"元辅之所举也，有师弟子之分焉。臣以为苟有千虑一得之愚，所当吐露。而复以全躯保妻子之念夺之，非事君不欺之忠，亦非事师无隐之义也。臣岂不知臣之言，上违圣意，必触天威；又岂不知臣之官，典在笔札，即为隐默，亦匪瘝旷。顾不优游清华，而敢于干犯雷霆哉。然昭是非垂劝诫亦史臣之职也。与其记述于简册以彰秽示惩，孰若披陈于君父之前。求今日无过举，俾后世无遗议也。伏惟皇上宽斧钺之诛，赐菀荛之择，而垂神俯纳焉。元辅幸甚、愚臣幸甚。"[②]

---

① 明代自朱祁镇以后惯例，科举进士一甲者授予翰林院修撰、编修。另外从二甲、三甲中，选择年轻而才华出众者入翰林院任庶吉士，称为"选馆"。

② ［明］钱士升：《赐余堂集》。

这段话大意是首辅张居正夺情既不符合人情，也不符合朝廷法度，还是早点回去给父亲守孝才是正解。

有了这样一个榜样，那些读了几十年书，正愁没地方刷存在感的翰林院编修们纷纷拿起手中的笔，开启他们的书写模式。

第二天一早，隆庆五年进士翰林院检讨（从七品，常以三甲进士出身之庶吉士留馆者担任）赵用贤上疏，请令张居正奔丧归葬，守孝满了二十七个月再回来。

第三天，刑部员外郎艾穆、主事沈思孝联名上疏，奏请令张居正回籍守制。

第四天……

上疏变得没完没了，一直没出声的张居正终于忍不住了。论智慧、手段，甚至策略，这些翰林院编修的轮番上疏在张居正面前，不过是几个小孩子瞎胡闹的游戏而已，张大人很不客气地将这一切丢给了还只是一个孩子的万历皇帝。

张居正很清楚眼前的局面，万历皇帝根本离不开自己。

事实证明，张大人的判断是正确的。

得知这一切的万历皇帝龙颜大怒。他觉得这几个翰林院编修提出的问题看似是针对张大人去留的问题，实则是对自己的蔑视。于是，万历动用了祖上对直言犯谏的建言大臣所惯用的手法，对此给予了最高规格上的"优待"——廷杖。

三

廷杖是由栗木制成的棍棒，击人的一端削成槌状，外面包有带倒钩的铁皮。行刑者往往一棒击下去，再顺势一扯，尖利的倒钩就会把受刑人身上连皮带肉撕下一大块来，足以疼得人哭爹喊娘。如果行刑人下手重些，只需三十四下，人基本上就死了。即便不死，在这种棍棒的捶打之下，也会落下终身残疾。所以，很多人对这个处罚是望而生畏的。

但也有不怕死的。倒不是说真有人不怕死，只因为那些被东厂或者锦衣卫拉出去廷杖的大臣，往往一夜之间就名动天下，甚至还能被载入史册。在这个诱惑下，一些人选择铤而走险，毕竟史书记载的人是有限的，能进入史书的人少之又少，在有些人心中，三五句话足够抵消那点儿风险。

刑部观政进士邹元标就是这种不怕死的人，这位来自江西吉安府的年轻人，从小聪颖好学，九岁即学习儒家经典，他于万历五年考中了进士，入刑部观察政务。换句话说，他只是一个刚刚走入职场的小白，只能靠着不怕死的劲儿，才有出人头地的可能。

邹元标先后上了三次奏章，最后靠着哄骗中官^①说自己写的是请假条，他的奏疏才被送了进去。在奏疏里，他将矛头直指张居正。他认为：张居正才干虽然卓越，学术根基却非正途。志向虽然远大，却过于刚愎自用。他的一些政策措施不合情理，比如州县入学的人数，限定为十五六人。有关官署迎合他的旨意，更加减少数量。这使选拔贤才的路子不广。各地判决囚犯，也有一定的数量，有关部门害怕受处分，数量上一定追求有所富余。这是刑罚实施得太无节制。大臣拿了俸禄苟且偷生，小臣害怕获罪保持沉默，有的人今天陈述意见，明天却遭到了谴责。这是上下言路没有通畅。黄河泛滥成灾，老百姓有的以荒草地为家，以喝水充饥，有关部门却充耳不闻。^②

弄了这么一大段指责后，邹元标才抛出自己的撒手锏：张居正在父母活着时不去照顾他们，父母死了不去奔丧，还自我吹嘘为非同寻常的人，世道人心不认为他丧尽天良，就认为他是猪狗禽兽，这能叫非同寻常之人吗？^③

这句话的杀伤力太大，直接把张居正激怒。

---

① 即太监。

② 译自《明史·卷二百四十三·列传第一百三十一·邹元标传》。

③ 译自《明史·卷二百四十三·列传第一百三十一·邹元标传》。

首辅动怒，杀伤力巨大。邹元标被廷杖，遣戍都匀卫。同时遭廷杖的还有一位来自浙江余姚的布衣姚韩，他因上了一封万言疏指责张居正，也被抓来打了一顿后遣送回原籍。至此，这场夺情的事情，才算被压了下去。这里顺便提一句，张居正死后，一直为他奔走的就有邹元标。

一切看起来是张居正取得了全面胜利。十年首辅生涯，他清仗田地、推行"一条鞭法"，总括赋、役，皆以银缴，"太仓粟可支十年，周寺积金，至四百余万"；军事上任用戚继光、李成梁等名将镇北边，用凌云翼、殷正茂等平定西南叛乱；吏治上实行综核名实，采取"考成法"考核各级官吏，"虽万里外，朝下而夕奉行"，政体为之肃然。全国上下一片欣欣向荣的景象。

四

但唯一没有"欣欣向荣"的是张居正的身体。

十年的操劳，过度消耗了张居正的身体，万历十年六月二十日，内阁首辅、上柱国、正一品太师兼太傅、中极殿大学士张居正卒，年五十八，谥文忠。他曾在生命岌岌可危的时候，给自己写过一偈："愿以深心奉尘刹，不以自身求利益。"毫无疑问他做到了。

　　只不过他忘记了一点，五年前被他压制的层层浪花，如今已经变成了千尺巨浪，成为他死后被论罪抄家的祸根。

冯保

一早就写好的结局

一

万历八年（1580年），已经十八岁的万历皇帝趁着酒醉，在强烈的荷尔蒙冲动下调戏了一个宫女。这事儿也许很平常，但搁在一个年轻的皇帝身上，就绝对不是一件小事。这是一个信号：一个皇帝已经长大，并且有了喜好女色的危险信号。

已经陪伴了万历皇帝八年的冯保，作为宫中的老人、皇帝的大伴，第一时间便得知了这个消息。出于一种爱护，他选择了将这件事告诉了万历皇帝的母亲慈圣皇太后。

冯保的意思大概是想让慈圣皇太后给皇帝上堂课，让皇帝知道知道人生的路还长，属于自己的青春才刚刚开始，不用着急。但冯保显然低估了太后的态度。

这位性子温和的女人，破天荒地大发雷霆。

慈圣皇太后初入宫时，只不过是一个在当时被称作"都人"的一般宫女，后被分到裕王府里侍奉后来的明穆宗。由于裕王看中了她，使她有了身孕。在她十九岁时，生下第一个男孩朱翊钧。

对于这个儿子，她十分看重，也十分严厉，一心想把儿子打造成明君。听说这件事，她勃然大怒，当即让人去找来了万历皇帝的老师——内阁大学士、当朝首辅张居正，让他替万历起草自责御札。

不光如此，她还让人把万历皇帝叫到自己跟前来，让他跪下，当着张居正、冯保的面狠狠骂了一顿。骂到气愤的时候对一脸委屈的万历皇帝说："难道我非要让你做皇帝不成吗？"

言外之意，皇帝又不是只有你一人能做。你不行，我可以换个人做皇帝！

万历皇帝起先以为自己的母亲只是吓唬吓唬自己，也没当一回事，自己已经做了八年名正言顺的皇帝，总不能因为摸了一下宫女的脸蛋，就要废了自己吧？基于这个认知，万历皇帝也没把自己母亲的话太当一回事，该吃吃，该喝喝，该睡睡。

但很快，慈圣皇太后用实际行动告诉万历皇帝，她说话从来不开玩笑，不是吓唬吓唬就算了。没错，"干打雷不下雨"从来不是她的风格。

身为万历前十年的女主角，她命令冯保到内阁取来了《霍光传》，要效仿霍光废胡作非为的昌邑王刘贺，重新立汉宣帝刘洵为帝的典故，把万历皇帝给废了，新立潞王朱翊镠（明穆宗朱载坖第四子，明神宗朱翊钧同母弟，潞闵王朱常淓之父）为皇帝。

二

这下，万历皇帝才知道慈圣皇太后是动真格的。

虽说万历是皇帝，但他在慈圣皇太后和张居正的面前，不过是一个空有皇帝名声，没有任何权势的空架子而已。

所以，慈圣皇太后当真要废除他并非不可能。

明白了这一点，万历皇帝第一时间找到了慈圣皇太后，跪在地上一个劲儿地哭，这一哭就是六个小时。他信誓旦旦地表示以后一定好好听话，杜绝一切不良嗜好。

这一招很管用，慈圣皇太后见儿子认错态度诚恳，终于动了恻隐之心，打消了废黜皇帝的念头，但要求万历皇帝将这次写的认错书（罪己诏）送到内阁给张居正过目。也就是等于让万历皇帝彻底从中吸取教训，做一个好皇帝。

这是万历皇帝人生中的第一次重大危机。这次危机在一片屈辱的气氛中，总算度过了。

但这次屈辱在万历皇帝心里挥之不去，从未变淡的恨意宛如滔滔江水，在时间的推波助澜之下，变成滔天巨浪。八年的感情，就在这一刻，彻底画上了句号。

这一切，冯保一无所知。在他看来，自己应该是做了一件好事，一件让皇帝从不良嗜好中吸取教训，从此走上成为明君的康庄大道的好事。

只能说，冯保太过天真了。这位在《清明上河图》上面题跋，自署官称"钦差总督东厂官校办事兼掌御用司礼监太监"的风云人物，最终也没能很好地明白人性。

万历十年（1582年）六月二十日，内阁首辅张居正去世。他的离去，宛如一座压在万历皇帝头上的大山彻底消失。

六月份张居正去世，十二月万历皇帝就动手了。当然，万历皇帝并没有忘记活着的冯保，这个从小陪自己玩耍、陪自己读书，身为皇帝的他从来不喊名字，而是亲热地喊他一声"大伴"的心腹。然而，这样的一个心腹太监，丝毫没有心腹的觉悟。

自己但凡有啥风吹草动，冯保都会在第一时间告诉慈圣皇太后，斗蛐蛐、打弹弓、看美女，包括喝醉酒闯祸的那一次，要不是他告状，谁能知道？在万历心中已打定主意，这样一个专门告状的小人，就这么放过他，实在太对不起眼下的局面。

事情很快就有了结果。

张居正去世后，留下了一道奏疏，推荐他的主考官潘晟进入内阁。冯保派人把潘晟召来询问，并且让他了解自己的意思。

然而，御史雷士桢、王国，给事中王继光皆说潘晟不可任用，使他不得不中途上疏推辞。

内阁首辅张四维估计充数的内阁大臣申时行不肯处在潘晟的下面，就自行起草意见答应此事，皇帝立即回答可以。

冯保当时生病，见大家都已不再重视自己，遂辱骂道："我小病，这么快就没我事了吗？"

皇太子出生，冯保想封伯爵，张四维用没有先例来责难他，只是说给他的弟侄一个做都督佥事的官职。冯保发怒说："你靠谁得到今日，却背叛我！"

事情到了这一步，万历皇帝知道，是自己出手的时候了。

因为冯保不知趣，不懂得收敛，没能第一时间看清楚状况。

没有了张居正这个盟友，加上慈圣皇太后在万历皇帝大婚后退归后宫享清福去了，冯保失去最重要的两根支柱，已经是强弩之末了。即便如此，万历皇帝还是有些担心。年轻时候留下的阴影实在过于强烈，以至于他看到冯保依旧感到害怕。

见皇帝迟迟不动手，原先的内侍张鲸、张诚给万历出了一个最稳妥的方案：以最快的速度让冯保罢职，即令其"闲住"，也就是居在南京。

万历皇帝依旧担心："万一大伴上殿来闹事，朕该怎么办？"张鲸、张诚却比万历更懂得冯保，他们大着胆子说："圣旨既下，冯保就被罢职，他怎敢再来闹事？陛下太看得起冯保了。"

犹豫再三的万历皇帝最终听从了张鲸的话，在圣旨上批示："保欺君蠹国，罪恶深重，本当显戮。念系皇考付托，效劳日久，姑从宽着降奉御，发南京闲住。"①

并命锦衣都督刘守有，率兵抄没冯保的家产，抄出金银

①《明史·卷三百五·列传第一百九十三·冯保传》。亦可参见《明神宗实录·卷一百三十一》。

一百余万两，珍玩异宝无数。

三

事实证明，张鲸、张诚的看法是对的，冯保并没有去找万历皇帝，他将一切希望都寄托在慈圣皇太后身上。

但他依旧忘记了一点，大风是自小风发展而来的。一次次的告状，早已让万历皇帝的内心充满了恨意。

据说，慈圣皇太后第一时间知道消息后，便找万历皇帝询问："这是怎么回事？"

和往日不同，已经摆正皇帝身份的万历，面对慈圣皇太后的责问，并没有任何的慌乱，用一种平静的口吻回答："冯保这个老奴才，受了张居正的蛊惑，没有大的罪过，先安置南京再说，后当召还就是。"

李太后又说："你的弟弟潞王即将大婚，珠宝未备，该当如何筹措？'

万历皇帝说："近年来，无耻臣僚都将珠宝贿赂张居正和冯保，以致其价昂贵，我也正为此事犯愁呢。"

李太后说："你不是抄了冯保的家吗？朝廷必有所得吧？"

万历皇帝说："奴才黠猾，先窃而逃，朝廷未能尽得。"意思是，冯保非常狡猾，早将相当多的家产转移了，所以刘守有抄得的一百余万两金银和珍玩异宝，只是冯保家产的一部分而已。

四

至此，冯保被彻底边缘化。

冯保谪居南京，无权无势，威风扫地，很快就"谪死于南留都，葬于皇厂"。①

---

① ［清］刘若愚：《酌中志·卷五》。

海瑞

一个另类的清官

一

根据史书记载，海瑞的祖先可以追溯到南宋。据说南宋那会儿有个名叫海俅的人，从福建迁居到广州。到他重孙海逊子时，一家人已基本在广州站稳了脚跟。不光如此，海逊子还是一个颇有能力的人——他在朱元璋手下当了一个广州卫指挥使（正四品武官名）。

这官比上不足、比下有余，好歹也是公家饭碗。唯一的缺点是，海家从此刻上了军户的记录。

在明朝社会，人们被分为四大阶层，即士农工商。作为开创者，朱元璋严令士农工商各守本业，即使是医、卜，也强迫他们必须成为"土著"，不得远游，凡"有不事生业而游惰者及舍匿他境游民者，皆迁之远方"，并且这个规定基本上不可改变。按照这个意思，军户及其子孙世袭为兵，无论他们到哪里屯戍，他们的妻小都必须带在身边。所以海逊子的儿子海答儿因为从军，不得不于洪武十六年（1383 年）一家人来到海南岛，就在琼山县落了户籍。

海答儿的儿子海宽对读书颇有些天赋，中过科举，并且在福建松溪县做过知县。其他子侄还有海澄、海澜、海翰、海鹏、海迈，这五人有三人考中了举人，其中海澄官至四川道监察御史。可惜海瑞的父亲海翰没有通过科举走上官场，加之不擅长理财，一家人的日子过得紧巴巴的。

海瑞四岁时，父亲去世，只留下了他们孤儿寡母和几十亩田地，清贫度日。

海瑞母亲性子刚烈，这样的女子一般都会走两个极端：要么对人极为温和，要么就是对人对己十分严厉。海瑞的母亲属于第二类。她对海瑞的要求十分严厉，在海瑞到读书的年纪时，母亲就开始传授他《孝经》《尚书》《大学》《中庸》等书籍。这说明，海瑞的母亲不仅读过书，而且文化水平不低。一个性情刚烈，文化水平不低，且还能做到以身作则，在生活中言传身教的母亲，这对一个人的童年无疑有巨大的影响力。

我们可以说，海瑞的价值观完全来自母亲。这既是好事也是不幸，因为作为孩子的海瑞基本上没有快乐的童年。除了读书外，母亲几乎不让他和其他的孩子一起游戏（"有戏谑，必言词正色悔之"[①]）。这样的童年注定是无趣的。

有人说童年的个性决定一个人后来的个性，这话还是有些道理的。于海瑞而言，童年是无趣的，除了日复一日的圣人之言、日复一日的课本之外，他唯一留下的就是志向——他要做一个刚正不阿的好官。为此，他还特意给自己加了一个号——"刚锋"。

海瑞这个号的意思是：希望自己在将来如同海边岩石一样，在日夜不息的海浪冲刷之中屹然挺立。

而且可以说，这个字号代表的激励，贯穿了海瑞的一生。

虽然海瑞读书很努力，但不否认，这东西需要天赋。不巧的是海瑞的天赋并不高，好不容易考上秀才时就已经二十八岁。而此后的日子，一直落榜。

一直到八年后，即嘉靖二十八年（1549年），三十六岁的海瑞才终于翻身。那年参加乡试，写了一篇《治黎策》。在这篇策论中，海瑞对海南黎患不绝的现状，提出了针对性的解决方法，赢得考官赞许，因此才中了举人。

---

① ［明］朱国桢：《涌幢小品·卷二·海中介实际》。

人生到了这一步，无疑是骄傲的。心中的傲气如同善良的长者，不断地提醒你，都走到了这儿了，你可以再进一步。

海瑞进了，只是结果有些惨不忍睹。

二

在进士的路上，海瑞一直没有等到他想要的结果。

和一般死磕的读书人不同，海瑞继承了母亲务实的态度，在连着两次会试没有考中的情况下，他明白了自己并不是考试那块料，因此果断放弃了进士科的考试，选择了做官。

明朝规定，读书人在考中乡试、成为举人之后，便拥有了进入官场的"入场券"，也就是做官的资格，你也可以选择做官，也可以选择继续参加会试和殿试。

但举人选择做官不是马上能有的，这需要等待空缺才能补。而且按照朝廷的规定，纵然有了空缺做官，也只能被授予知县以下的官职。那些直接被授予知县职务的举人，要么是自家条件不错，要么是祖坟冒青烟了。很显然，海瑞家里条件并不好。

直到嘉靖三十三年（1554 年），海南承宣布政使司指派海瑞担当福建延平府南平县教谕。这个职位虽然只是个"未入流"，但也拥有了官员身份，在吏部有备案。如果干得好，是可以提拔的，理论上未来是可以做当朝一品的。

但性子耿直的海瑞似乎没想那么多。在他看来，既是官，那就应该努力干活；既是干活，那就要干好。为此，他开始整顿校纪校风，而且特别对教学质量进行了整顿。

对于自己老师的身份，海瑞十分看重。在他看来，做一名教师是光荣的，而成为教师的读书人应该尊重自己的身份，不该对上官随便弯腰、下跪，即要有自己的骨气。

他不光说，还用实际行动证明了这一点。

在他执教期间，有一个朝廷的视学到县学视察工作。两名副手在海瑞的带领下和视学见了面，两名副手一左一右上前对着视学叩头就拜，唯独站在中间的海瑞只是拱了拱手，并说了句石破天惊的话："这个学堂，是老师教育学生的地方，不应屈身行礼。"

视学先是惊讶，继而冷笑了声对左右说："哎哟，你们看这三人，像不像一个'山'字的笔架？"两个副手跪着，海瑞站着，活脱脱的一副笔架模样。

视学觉得海瑞一个小小的教谕太不把自己放在眼里，自然拂袖而去。而海瑞则认为，视学缺乏做官应该有的正气，结果就是双方都看不上对方。但海瑞不知道的是，此时的大明王朝，最缺的就是这股阳刚之气。

所以，海瑞的另类，宛如一阵风吹皱了原本平静的湖面。他的行事原则立即赢得了不少人的好感，渐渐地他的名声也进了朝廷大员的耳朵。

三

嘉靖三十七年（1558年），已经两鬓略带斑白的海瑞迎来了他人生中的第一次升迁。经过推荐，海瑞被任命为淳安知县——一个正七品的官。对许多人来说，人生过半才得到了这么一个七品官，不是什么值得大书特书的。然而对于海瑞而言，这已属于祖坟冒青烟了：他三十六岁中举，四十岁才得到了一个福建延平府南平县教谕，仅仅四年，他从正八品升到了正七品，这个速度绝对堪称火箭速度。这一年，海瑞四十五岁。

四十五岁的年纪，让海瑞明白了一件事，原来坚持自己的原则，不迎合他人、不低眉顺眼地踏实干事，也能干出不错的业绩来。

明白了这一点，他从福建去了浙江淳安。

淳安这个地方有些特殊。你说是个好地方吧，却处于由中低山、丘陵、小型盆地、谷地和水库组成的丘陵地区。百姓只能靠采集茶叶、砍伐竹子和树木来过活。山下的田不是没有，只是被县中有钱有势的大户所占领。你说这地方不好吧，偏偏又处在新安江下游，是水陆交通的枢纽，水资源好得出奇。这样一个要山有山、要水有水的地方，本应该富得流油才是，然而这里的百姓饭都吃不饱。

造成这个原因的，主要是在陋习上。由于这里山清水秀，无论是朝廷使臣和来往官僚，都喜欢往这个地方跑。但人来了不是让你看一下淳安的山水就回去的，还需要人情往来。

于是，一个普通官员，用银二三十两；一个巡盐御史、一个巡按御史，用银一二百两；巡抚级别比较高，出巡的时候，招待不好让人笑话，用银三四百两；而更高一点的，用银上千两。这些负担，自然而然地落在百姓头上。

久而久之，各种苛捐杂税愈加严重，生活在这里的百姓被这些苛捐杂税弄得越来越穷。富户、大户则将这些赋税都转移到百姓的头上，弄到最后是"富豪享三四百亩之产，而户无分厘之税；贫者产无一粒之收，虚出百十亩税差"。①

贫富差距越拉越大，有些百姓忍受不了这种苦楚，开始外逃。可以说，四十五岁的海瑞一上任所面临的局面，一点都不乐观。

但海瑞丝毫不惧，针对淳安实际情况，他很快就出台了《兴革条例》三十六项。这个条例看起来有点儿苛刻，但效果绝对一流。他发布公告，让逃亡的百姓回来安居乐业，给田给地，甚至容许他们将被人侵占的产业要回来，把卖给别人的子女赎回来。没有田地的，分配荒田荒地；没有耕牛、种子的，都借贷给他们。为了百姓有喘气的时间，他还规定让百姓耕种三年后再开始起征赋税、徭役。这种实惠而且实用的策略，很快让淳安的百姓找回了幸福感。不久，许多逃亡他乡的百姓重新回到家乡。

淳安百姓的日子似乎因海瑞的到来过得还不错，但这个局面，并没有让固执的海瑞感到满意。在他看来，想要让淳安的百姓彻底过上安稳的日子，还需要废除一些影响较大的陋规。

要说明这点，我们就不得不提一下明朝的俸禄制度。在

---

① 《海瑞集·兴革条例》。

中国所有的朝代之中，明朝官员的俸禄是最低的。

根据朱元璋在洪武二十五年（1392年）确定的官员俸禄制度："正一品月俸米八十七石，从一品至正三品，递减十三石至三十五石，从三品二十六石，正四品二十四石，从四品二十一石，正五品十六石，从五品十四石，正六品十石，从六品八石，正七品至从九品递减五斗，至五石而止。"[1]

后来，俸禄还搞起了本色和折色，所谓的本色就是粮食，这个也是最实际的、最流通的，剩下的就是折色了。折色就是把粮食折成钱。洪武宝钞出现的时候，还给过宝钞。

但明朝时期的贸易主要用白银，因为白银大量从国外流入，令宝钞跟着一起贬值，再加上明朝政府无节制地大量印行宝钞，令宝钞价值一贬再贬，最后只能作为奖赏发给下面人使用。

官员这点钱养活自己都困难，就更别说养活一家人了。

而明朝的一个知县，府衙的活靠他一个人是干不动的，他还需要幕僚、皂吏，以及一些临时工。这些人往往是没有编制的，朝廷不管工资的。但这些人又必须要有，所以人们

---

[1]《明史·卷五十八·志第三十四·礼十二》。

就发明了一些陋规。

简而言之，这个规矩本来是不应该存在的，但因为相关制度不合理，只能这样堂而皇之地执行了。举个简单的例子，明朝从朱元璋开始就规定，每过十年就编制黄册，以统计全国人口。因送给户部的册子的封面用黄纸，故称黄册。

这些册子每年送到户部，这就等于给了省、府、县这些人操作空间。如果吏员玩心眼儿，把你的下等田地改为上等田地，那么你的赋税毫无疑问就会多很多。为了避免这种局面，你只能带上礼物和银子去府衙疏通关系，让其修改，而这就是陋规了。

除了这些，明朝还有一个十分有名的陋规叫淋尖踢斛，也称"脚踢淋尖"。具体操作是，当老百姓上交公粮的时候，先把粮食倒进斛里检查质量，看粮食的成色，要求把斛子倒满，上面要有一个圆锥体状的尖。

这时候，早已准备好的管事官员，以最迅速最巧的力道，猛踢一脚。踢后要求斛子不倒，还要让上面的"尖"撒下来，撒出来的粮食无论多少，都不容许老百姓收回去。这个撒下来的"尖"就算在运输和管理过程中的损耗，百姓再把斛中余下的粮食拿去称重。这样，百姓无形中要多交不少粮食。这些成为明朝各级官员的一笔半公开的收入，明朝上下都知道这个陋规是怎么回事。因此到了张居正时，为了体恤老百姓，特意做了规定，只容许踢三脚，即便是三脚那也有不少。

这些陋规发展到后来，已经有了一整套的体系：小官欺负百姓、给上司送礼，上司又要给更高的上司送礼。春节要送，清明节、端午节也少不了，连带着冬天要送炭敬、夏天送冰敬。上任要接风，临走要款待，不一而足。

朝廷给的俸禄就那么多，养活自己都够呛，别说还要养活一大家子人了，所以再清廉的官员或多或少都存在一些陋规，只是多与少的问题。你要扫除这种陋规，也就等于断了大家的财路。

但海瑞是个例外。他常年穿布袍，吃粗粮糙米。为了养活一家人，他专门在官署后院的空地上开垦了一片荒地，约莫有二分大小，种上黄瓜豆角。他每天工作完成后就脱下官服换上布袍下田干活。他的官服一穿就是六年，四处补丁，褪去颜色也不换。

一家人一年到头极少吃荤菜，一次他的母亲过八十大寿，他才上街买了二斤肉！以至于淳安县的肉贩子激动地说，没想到这辈子还能做海大人的生意。除此之外，他出门从不骑马坐车，没有驴就走路。同僚、下属，连好友送来的礼物，他都一分不差原物返还。

这样一个人，宛如一把等待出鞘的倚天剑，无坚不摧。

他以最快的速度对这些陋规下手了，所有陋规全部取消。按照规矩，当地官员进京朝觐，是不能空着手去的，礼物总要带一点，但没什么比真金白银来得更实在。这些钱，加上一路上的旅费、礼金全是算在老百姓的头上的，每三年里甲长①就会派一两三钱二分，一共二百四十两白银，除去一部分被送到了知府和府中主要官员外，其余的都是花在这上面。此前海瑞也朝觐过两次，一共用了路费四十八两，吏员花费十二两，造册用去十一两，总共七十一两银子。在他看来，这些多出来的银子，就不该用，所以必须取消。

除了这项花费比较大的陋规之外，还有一项陋规也十分棘手。即按照朝廷多年形成的规矩，每年知县向出巡的巡按御史、分巡道、分守道等官员的吏书赠送银两，也要摊派到百姓头上。这些钱，相对于前面所说那些并不高，多的需要十二两，少则五两银子左右。你虽然可以不给，但事情就是

---

① 明朝规定每一百一十户编为一里，由丁粮最多的十户担任里长，其余一百户则称为甲首。各里中无力承担差役的鳏寡孤独人户，则带管于一百一十户之外，称为畸零户。十名里长以十年为一个周期轮流应役，先后顺序根据丁粮多寡预先编排，每年由一名里长率领十名甲首应当差役，并负责"管摄一里之事"。

难办。在海瑞之前，也有人对此不满。但一来这银子并不多，二来这些人都在巡按御史、分巡道、分守道这些官员身边干活，谁也不敢保证这些人不会使坏。因此，这些钱也都给了。

但海瑞认为这是不良风气，坚决不给这些吏书一个铜板。一些人看着海瑞不通人情就好心提醒，说地方官员想要调去京城，做京官免不了要去交际、要去应酬，应酬就得花钱。你不花钱，人家要花，你不想升迁，也不能拦着别人升迁。

对此，海瑞毫不客气地怼了回去："按照你们的意思，那么所有的地方官员都不应酬、都不送礼，就都不能做京官了？假如所有的地方官都应酬、都送礼物，那是不是意味着这些都不会被降职或者被降罪呢？"一席话，愣是把别人怼得哑口无言。

很快，这个钱也取消了。

上任十天后，海瑞便贴出公告：凡他所到之处不要排场，不要鼓乐迎送，更不住华美之屋。如果有人要请他吃饭，每顿饭顶多两三钱即可，不可过度铺张浪费。这里面除了包括自己的常例①，还有靠县衙活着的县丞、主簿、典

————————

① 就是通过收取苛捐杂税的方式从老百姓头上搞钱。其中的一部分以常例钱的方式交给上级，上级再按照一定的比例将常例钱送给自己的上级。

史、师爷、衙役等的额外收入。

真可谓两袖清风。这事儿换成其他人，无论如何是干不下去的，但海瑞可以，自身的清廉，早已彰显出一切。

起先，还有人等着看海瑞的笑话，因为这不亚于一场大型手术，不光割除他人的福利，还有自己的。但很快他们就失望了，因为海瑞用实际行动告诉了淳安县所有的官员：没有这些陋规，他一样可以生活。

很快，县丞、主簿、典史、师爷、衙役都开始罢工了。他们天真地以为，那么多的工作，海大人一定会受不了，不久就会请他们回来。但他们失望了，没了他们，海大人的生活依旧，你不干有的是人干，大不了自己干就是了。这点工作，还能把一个活人给难死不成？县丞走了，他就把县丞的工作接过来自己干；衙役不做了，他就从贫穷的百姓家找人；典史不干了，他把业务接过来，自己加个班也就干了。结果十几个人的活，他一个人就给干了。

别人吵吵嚷嚷要放假，但他从不给自己放假。一年算下来，除了过年，他基本上都在府衙办公，生活看起来有点累，但也不是不能继续。

作为一个县令，聪明的人都懂得抓住机遇。即便没有机遇，也要创造机遇。即使这个机遇看起来多么无耻，但只要是机遇，那就等于给自己的未来上了一道保险。但海瑞从来不要机遇，上司过生日、老母亲去世、儿子结婚……从来都是下级表示亲近的最佳时机，厚重的礼品，沉甸甸的银子，能送去从来不吝啬。而他只是写了一封信祝贺，有时候信都不写，随口说了几句恭喜的话这事儿就这么过了。

上级来视察工作或者路过这里，一切招待都回到了洪武初年的模式——丝毫看不到任何铺张浪费的迹象。渐渐地，没人愿意来淳安了，甚至路过都走得匆匆忙忙。

嘉靖三十九年（1560年）都御史鄢懋卿出巡两浙、两淮盐政。各地接待的规格都很高，加上鄢懋卿喜欢讲排场，外出视察时，经常与妻子同行，专门乘坐所谓"五彩舆"（五彩车盖）。这个"五彩舆"需要十二名美女抬着，一路上前呼后拥，路上的人们看到无不惊骇。因此，一场接待下来，没有千把两银子根本看不到效果，这些无形之中给当地的百姓增加了负担。

没多久，鄢懋卿就要巡视到淳安。接到消息的淳安师爷很苦恼，自己的上司是个什么脾气，师爷很清楚：寻常的县衙、府衙的官员来，你简单糊弄一下也就算了，可这次来的是都御史正三品的官，还是首辅严嵩的人。如果把他得罪了，一个小小的七品县令，还能保得住吗？海瑞却一脸从容，面对师爷苦口婆心的劝说，他只是摆了摆手说道："你不必担心，这事儿交给我来处理！"

海瑞的"处理"继承了他一贯的作风，写信。

他给了鄢懋卿写了一封长信，信的内容大意是："接到你的公文①我进行了调查。调查的结果是，我所知的情况和您正式通知的情况恰恰相反。事实上，你所到之处无不是花天酒地，大鱼大肉。这就让我有些为难了，若按照您的通知办事，又怕获'递慢'之罪。可大肆招待，又怕违背了您体恤百姓的好意。所以，我想问一下鄢大人，这事儿该如何是好呢？"

据说，接到这封信后，鄢懋卿连夜绕道他处，没有进入严州府地面。

严州府知府听说鄢懋卿连夜绕道他处，不到严州府来了，气得把海瑞叫到了自己府衙，拍着桌子对海瑞大叫道："你的官究竟有多大！竟敢这样不安分，惹是生非。"

海瑞知道自己给上司惹了麻烦，却不辩解，只是等知府发完脾气才作揖告退。这下严知府受不了，事实上浙江的其他官员也忍不住了，他们联起手决定把海瑞请走。然而，作

---

① 鄢懋卿每到一处自称"素性简朴，不喜欢承迎，所过之处，凡饮食供帐，俱宜俭朴为尚，毋得过为华侈，靡费里中"。

为一个秉承朝廷律法、圣旨言辞的海瑞，自身根本没有任何的道德瑕疵。想要找他的麻烦，无疑是自讨苦吃。但这根本难不倒他们：既然罢免不了海瑞的官，我给你升官总可以了吧？只要你挪地方，你做多大的官都没关系。

于是，历史上出现了奇怪的一幕，举人出身的海瑞做三年知县被调出了浙江，去了江西兴国做知县。

官还是那个官，但海瑞的知名度打开了。

海瑞不知道的是，和浙江淳安相比，江西兴国这个县更差，不光土地贫瘠、人口稀少，连交通也不是很好，所以很少有人愿意来这个地方做官。

然而，海瑞根本不在乎，在他看来，做官是为朝廷办事，不是来享受的，去哪儿都一样。穷也好富也罢，都是干活，因此他风尘仆仆地赶到兴国后，立马就雷厉风行地展示了自己的办事风格。

针对兴国县实际情况，他开始重新丈量土地，平赋税。这是一项十分艰难的工作。然而，海瑞乐在其中。

无论你是什么人，无论是什么豪强大户，他宛如一把锋利的倚天剑，扫除一切障碍。但这次海瑞干的时间并不长，在见识了海瑞的能力后，地方乡绅终于忍不住出手。他们通过关系网，终于把海瑞送走了。

海瑞因为"工作能力突出",贡献巨大,升为户部云南清吏司主事——这是一个正六品的官。听起来似乎很不错,实际上明朝的六部主事只是基层的京官而已。但海瑞这样一个小小的举人能做到这一步,绝对是祖坟冒青烟了。

这个官,在旁人看来最适合海瑞这样的人来干,户部主事的工作其实很简单,无非是签一下公文和云南方面对接一下。事实也确实如此。但他们忽略了一点:海瑞有一颗忠心,有忠心的人往往将自己与家国挂钩。

几乎所有人都认为,海瑞已经丧失了折腾的能力和机会。但海瑞用他的方式告诉世人,海瑞依旧是海瑞,无论在哪儿,无论干什么,他终究还是那个另类官员。

四

这是嘉靖四十五年(1566年)的二月一日!

这一年发生的事情着实不少,但第一条新闻绝对是落在了海瑞的身上。这位任职户部主事刚满一年的六品官员,于一天早上,去了棺材铺订好了棺材,并且将自己的家人托付给朋友。这一切都准备妥当后,便给大明王朝和明世宗留下了一道千古名文《治安疏》,又称《直言天下第一疏》《谏修斋建醮疏》，在文章的开头，他就扯开嗓子骂皇帝：

"君者，天下臣民万物之主也。惟其为天下臣民万物之主，责任至重。凡民生利病，一有所不宜，将有所不称其任。是故事君之道宜无不备，而以其责寄臣工，使之尽言焉。臣工尽言，而君道斯称矣。昔之务为容悦，谀顺曲从，致使实祸蔽塞、主上不闻者，无足言矣。"①

最出名还是那句：天下因即陛下改元之号而臆之曰，嘉靖者言家家皆净而无财用也。意思是，天下已经忍你很久了。

这句话实在太狠，据说嘉靖皇帝读了海瑞的《治安疏》，十分愤怒，把《治安疏》扔在地上，对左右侍从说："快把他逮起来，不要让这个人跑掉。"

这时一个叫黄锦的太监，平日里很敬佩海瑞的为人，就在一旁小心地说："这个人向来有愚名。听说他上疏之前，自己知道冒犯该死，早已买了一口棺材，和妻子诀别，奴仆们也四处奔散没有留下来的，他自己是不会逃跑的。"

嘉靖听了这话，沉默了好半天，又把海瑞的《治安疏》从地上捡起来重新阅读。一天里反复读了多次，把《治安

①《丘海二公集》合刻本。

疏》留在宫中数月，叹道："这个人可与比干相比，但朕不是商纣王。"

可以说，在这件事的处理上，嘉靖还是明智的。作为大明实际掌权时间最长的皇帝，嘉靖其实很聪明。在他继位之初，便颇有明君的风范，清理勋戚庄田、罢天下镇守中官、改革科举制度、革除外戚世封等，内容广泛，成效显著。所以赢得很多赞美之声。河南道御史刘安说："今明天子综核于上，百执事振于下，丛蠹之弊，十去其九，所少者元气耳。"①

但这个人个性太过强硬，而且为人很固执己见，从来不知道妥协，他喜欢滥用民力大事营建，而且迷信方士，崇尚道教。

嘉靖二十一年（1542年），他移居西苑（今北京北海、中南海），一心修玄，日求长生，不问朝政。结果使首辅严嵩得以专国二十年，吞没军饷，吏治败坏，边事废弛，倭寇频繁侵扰东南沿海地区，造成极大破坏。

在长城以北，蒙古鞑靼部首领俺答汗不断寇边，嘉靖二十九年（1550年）甚至兵临北京城下，大肆掠夺。在嘉

---

① 《明史·卷二百七·列传第九十五·刘安传》。

靖年间，南倭北虏始终是明王朝的最大祸患。在用人上，嘉靖也是"忽智忽愚""忽功忽罪"。结果就是功臣、直臣多遭杀害、贬黜，造成真正有担当的人走不出来。

嘉靖最终活成了自己最讨厌的样子，但这并不代表他就是一个糊涂的人。在海瑞这件事上，嘉靖保持了以往的水准。

被海瑞的奏章给气得够呛的嘉靖，找来了内阁首辅徐阶，商讨自己禅让的事。他在言谈之中，提起了海瑞，并对徐阶解释了自己的委屈："海瑞说得都对，但他忽略了一点，那就是我生病了，而且病的时间也很长，一个病人怎么能临朝听政。"说完又解释了一番："当然了，这些病是我不知道爱惜自己的身体导致的，如果我能在偏殿议政，自然不会招来海瑞的责骂。"

徐阶说了什么已不得而知，总之，海瑞的命是保住了。

接着，海瑞被人抓进了诏狱，但嘉靖迟迟没有定罪。户部司务何以尚猜测，嘉靖皇帝大概是没有杀海瑞的意思。为了博得一个美名，他以最快的速度上书陈请将海瑞释放。

这下算是捅了马蜂窝！嘉靖皇帝虽不想杀死海瑞，让自己落下一个骂名，但海瑞当着全天下人的面骂自己，而且那句"嘉靖者言家家皆净而无财用也"，是个人都忍不了，更不要说心高气傲的嘉靖皇帝了。

所以，在这件事上，嘉靖皇帝的内心是矛盾的：一方面他确实从海瑞的《治安疏》里读到了海瑞的赤子之心，另一方面这篇奏疏也的确让他下不了台。

杀是不能杀的，但放也是绝对不容许的。

所以，这个何以尚没有彻底揣摩嘉靖的内心，导致自己"偷鸡不成蚀把米"。嘉靖勃然大怒，让锦衣卫杖责何以尚一百大棒，关进诏狱，昼夜用刑审问。

事情到了这一步，海瑞想出牢房更是不可能了。

但他的运气确实不错，因为在嘉靖四十五年（1566 年）十二月十四日，嘉靖皇帝驾崩了。

关于这一段，《明史·海瑞传》中，记载有些出乎意料。海瑞在锦衣卫的大牢里等死，还不知道嘉靖已经驾崩。但提牢主事听说了这个情况，认为海瑞不仅会被释放而且会被任用，就办了酒菜来款待海瑞。

海瑞以为自己要上路了，遂恣情吃喝不管别的。

正吃着，提牢主事忽然凑过来，小声地问海瑞："你知道今天为什么给你安排这么丰盛的酒席吗？"

海瑞："让我吃饱了好上路！"

提牢主事笑了笑，跟着摇了摇头说："错了！今日皇帝驾崩了，先生您要出狱了，而且您可能还会升职。"

一时，海瑞神情大变。他小心地问："确实吗？"

得到了肯定的答复后，海瑞随即悲痛大哭，把刚才吃的东西全部吐了出来，一夜哭声不断。

一旁的提牢主事看蒙圈了，他不知道这是怎么回事，吓得六神无主。只好紧紧地贴着墙壁，一动不动地看着海瑞哭得撕心裂肺。

这里似乎有点讽刺，嘉靖做了四十五年的皇帝，其实给大家留下的好印象并不多：大礼议杖笞群臣、崇奉道教并祸及自身、寻兴大狱、误用佞臣、刚愎自用、局势动荡不安，这样一个皇帝定义为昏君并不过分。按照正常逻辑思维，这是一个不值得哭、不值得怀念的人。但海瑞不光吐了鸡鸭鱼肉，还哭得肝肠寸断。有的人说，这是愚忠，但我认为这在当时的封建制度下这反而是正常的。

不论如何，海瑞的新生活开始了。

五

嘉靖四十五年十二月十五日（1567 年 1 月 24 日），裕王朱载垕（明穆宗）继位。新的皇帝上台，无论是被动的还是主动的，总是会有一些举动的。新皇帝听闻海瑞的大名，对这个敢于和自己老爹叫板的骨鲠之臣欣赏不已，遂在继位的当天就释放了海瑞。

光是释放还不够，动作这么大，事情造成的影响已经席卷了大明每一个角落。任谁都知道，有一个叫海瑞的家伙，上了一篇《治安疏》把皇帝给骂了。显然只有这样的人才是朝廷的栋梁，未来的希望。这样的人必须重用。

在这种气氛下，官场的另类人物海瑞又升官了。他先是官复原职，不久在内阁首辅徐阶的举荐下，改在兵部任职。而后又调大理寺任职，提拔为尚宝丞（专门管理皇帝御玺、印鉴的官员）。

这是海瑞人生中最耀眼的时刻。监狱中的十个月，已经让海瑞的大名传遍帝国的每一个角落，他俨然成了正义化身，成了明王朝清流的形象代言人。

无论是百姓还是官员，对于这个从海南一步一步走过来的小官都充满了敬佩。他们很清楚，圣人的教条、国家的律法，甚至古人那些崇高的品德，都在这个另类男人身上得到了完美体现。这是一个能干大事的人。

最先有这个感觉的是首辅徐阶，他之所以如此肯定，完全在于海瑞的一次仗义执言。

隆庆元年（1567年），首辅徐阶被御史齐康所弹劾。海瑞直言上书说："徐阶侍奉先帝，无能救于神仙土木之误，惧威保位，诚亦有之。然自执政以来，忧勤国事，休休有容，有足多者。康乃甘心鹰犬，搏嗜善类，其罪又浮于高拱。"[①]

这话别人说，效果怎么样并不得而知。但由海瑞说，没有人觉得不妥。因为他是正义的化身、清流的代表、官场中的另类。

被誉为清官中的清官，可以说是一种道德信仰。有了海瑞这次仗义执言，徐阶躲过了人生中的第一次危机。正因如此，徐阶对海瑞十分赞赏，并迅速给足了回报。

隆庆三年（1569年），五十六岁的海瑞被升调为右佥都御史（正四品），外放成为应天巡抚。其管辖的辖区大致包括今上海、苏州、常州、镇江、松江、无锡以及安徽一部，是一块富得流油的地方。这是海瑞人生中最重要的一次升迁，也是最令后世瞩目的一次升迁。

应天各地听说那个一丝不苟、严格守法的清官海瑞来了，纷纷将自家大门的红色油漆改为黑色。而手里不干净的

①《明史·卷二百二十六·列传第一百十四·海瑞传》。

官员，连夜办理了离职手续。就连平日里耀武扬威的江南织造官员也自动减少车马随从，目的就是避免自己成为海瑞的目标，因为被海瑞盯上是要命的。

在万众的期盼下，海瑞于七月二十二日进入府衙办公。在短暂休息后，精力旺盛的海瑞迅速办了两件事。其一颁布了《督抚条约》三十五条，从各个方面详细规定了应天府邸生活上的方方面面；其二兴利除害，请求整修吴淞江、白茆河，通流入海，让百姓得到兴修水利的好处。

这两件事在他雷厉风行作风的引导下，迅速提上日程，并且取得不错的效果。在形势一片大好之际，他又将目光转向第三件事：解决土地兼并问题。

毫无疑问这是个天大的难题！明朝中叶大地主们为了拥有更多土地，往往采用各种手段巧取豪夺。尤其是灾年，地主巧取豪夺让拥有土地的农民变卖自己的土地和房产沦为佃农，想要从大地主手中要回属于农民的田，无疑是虎口拔牙。更何况，在这一堆的老虎之中，还夹杂着一个庞然大物——前任首辅徐阶。

明穆宗刚登基那会儿，徐阶经常劝阻他按祖宗规矩办事。这让明穆宗十分厌烦，最后闹得君臣二人彼此都看不上。后来，徐阶以退为进，写了辞呈。本以为新皇帝会挽留一下，不巧碰上给事中张齐因为私人恩怨弹劾他，于是明穆宗干脆让他致仕回家。尽管当时很多人都上奏章请求留下徐阶，但新皇帝就是不同意。至此，徐阶只能回到了江南老家。

徐阶对海瑞有提拔之恩，甚至可以说他的命都是徐阶挽救的。按照明朝那些官场规矩，徐阶对海瑞可谓恩重如山。对于这样一个大恩人，即便是清廉如海瑞，也不好对恩人下手。

但海瑞的人生字典里，从来没有什么人间私情，更没有什么感恩戴德，有的只是国家律法、圣人教条。他认为徐阶当初挽救他、提拔他，那是为国选才，所以他不应该为了感谢而耽误了朝廷大事。于是他直接对徐阶动手了。

鉴于徐阶的身份和地位摆在那里，海瑞写了一封还算委婉的公告："本院法之所行，不知其为阁老尚书家也，令民各处实田，凡侵夺及受献者还原主。"这话的意思就是告诉徐阶，在我海瑞的眼里，首辅（明朝首辅叫阁老）也不会给面子，只有朝廷律法。所以你们这些多占田地的官员，都得把田地还回来。不管你当初是买的，还是别人主动送给你的。写完还特地叫人把这个告示，贴到了徐阶家大门上。

在海瑞看来，自己这么做，徐阶应该理解，大家都是朝廷官员，理应为朝廷牺牲。

　　然而，徐阶并不理解。看到这个告示后，徐阶更是吃了一惊。他自认为对海瑞还是不错的，又是救命又是提拔的，怎么着也不是眼前的这个结果。一直到看了告示，徐阶才明白，自己这么多年来彻彻底底看错了海瑞。

　　这个人的心里没有个人恩情，只有朝廷法律和百姓。

　　看清楚这点，徐阶决定先妥协一下，避免海瑞将矛头直接朝向自己，于是他退了十分之一的田产，大概一万两千亩。

　　徐阶之所以这么做，当然不是怕海瑞。因为海瑞再厉害，也不过是一个四品官。而且徐阶刚致仕，人脉还是有的，更何况他还有一个学生张居正在内阁。他怕的是海瑞背后的人物。

　　这个人就是高拱。

　　这里就要说一下明朝府衙的流程了。按照规定，海瑞张贴这个勒令富户退田的告示，必须事先写个奏折，奏折呈给皇帝，实则是给高拱（实际上的首辅）。皇上同意了，实则是高拱同意了才能张贴。也就是说，海瑞拿到的可以退田的圣旨，其实就是拿着高拱的意思，即没有高拱的点头，海瑞是没有办法要求徐阶退田的。①

但凡明眼人都看得出来，勒令富户退田注定是失败的。土地是这些富户的命根子，想要让富户退田，无疑是拿着刀子逼他们自杀。而且这些富户和朝廷有着千丝万缕的联系，一旦爆发，力量是惊人的。这些力量足够让海瑞的富户退田计划以失败告终。

事情可谓一目了然。海瑞不懂，高拱不可能不懂。但高拱还是批准推行，目的当然不是让海瑞扬名立万，而是借用海瑞的公正无私来打击老滑头徐阶。徐阶在应天的田产最多，这是朝中都知道的事。海瑞要富户退田，必然绕不过徐阶，用这样一个刚正无私的人去责令徐阶退田，没有人会觉得不妥。

如果徐阶顶住压力不退，必然成为众矢之的，遭人唾骂。那么这样一来，致仕后的徐阶在士林之中的影响力就大大降低了。而高拱不光出了一口恶气，还能顺带打压对手，可谓一举两得。

---

① 明朝内阁大臣的建议是写在一张纸上，贴在奏章上面，叫作"票拟"，亦称票旨、条旨或调旨。这实际上就是代拟好"御批"的稿本，供皇帝采纳，但内阁的"票拟"终究不过是给皇帝提供参考的初步意见，最后的拍板定案仍决定于皇帝的御批（当时叫作"批朱"）。内阁权力的有无及大小、内阁实际地位的高低，也主要表现于所拟"票拟"被采纳的程度。

除此之外，高拱还有另一层目的。那就是如果海瑞念及徐阶昔日的恩情，没有让徐阶退田，自然在应天府让富户退田的政策就难以进行下去。到时候各地的富户联合起来造成的巨大负面影响，自然需要海瑞来背锅。如此一来，自己可以名正言顺地把海瑞给收拾了——海瑞是徐阶提拔起来的，勉强算是徐阶的人。怎么算，高拱都不吃亏，可以说在这件事上海瑞被高拱当枪使了。

但一向聪明过人的徐阶很快就洞悉高拱的阴谋，所以他没有让海瑞为难，反而主动退出了十分之一的田。这个数字看起来不大，但态度足够坚决。

消息一传出来，整个应天都为之震动。谁也没想到，堂堂前任首辅，江南第一富户徐阶竟主动退田了，几十年的积蓄，就这样被新来的海瑞一刀切了。这下，原本还希望徐阶和海瑞对着干的人顿时没了指望，纷纷开始退田。一时之间，整个应天发生了翻天覆地的变化。

事情到了这一步，看起来似乎很圆满。至少徐阶是这么想的。自己只是损失了一些田，丧失了一点影响力，但成功保住了名誉，保住了那点威严，顺带还恶心了一下高拱。

但他忽略了一点，那就是海瑞的决心。在徐阶带头履行退田手续后，整个应天的富户都有条不紊地开始退田，形势一片大好。然而，海瑞仍觉得不够，因为按照他的意思，徐阶的田退少了，还需要再退。也就是至少要退掉"过半"的田地，按照史书记载的数字，徐阶最少要退掉六万亩田地。

本以为事情就这么结束了，没想到海瑞却不依不饶，包括徐阶，所有人都惊呆了，谁也没料到结果会是这样。最先反应过来的还是老滑头徐阶。他明白海瑞是来真的，如果再继续玩下去，自己辛辛苦苦攒的那点家底会彻底毁在海瑞手中。为此，他在第一时间让人告诉海瑞，让他再退是不可能的事。

很明显，徐阶告诉了海瑞自己的态度。

搁在其他明朝官员手中，事情到了这一步，怎么也会找一个迂回的策略。但海瑞就要一办到底，他根本不理会徐阶咄咄逼人的态度，而是亲自给徐阶写了一封信，做他的思想工作。

这封信很有名，我们可以看看其中的名句："昔人改父之政，七星之金，须臾而散。公以父改子，何所不可。"①这句话的意思是：古时候就有人把父亲积攒的七间房屋的财宝都散发了，今天您用老爹的身份让儿子把田退给百姓，有

---

① ［明］海瑞：《备忘集·卷五·复徐存斋阁老》。

什么难的呢？可见，在海瑞看来，自己是为了徐阶好。

但徐阶不这么认为，他坚决不退。于是就形成了僵局：一个让另一个退，另一个死咬着不退。

海瑞知道，事情到了这一步，再拖下去显然对自己没什么好处。毕竟自己只有一个人，而徐阶拥有整个应天的富户支持。所以，海瑞下了撒手锏，找了许多贫民跑到徐大人家门口搞游行示威，要求徐阶退田，有些脾气火暴的人，甚至拿起了石头往徐阶家里扔，兼带着各种辱骂，弄得徐阶叫苦不迭。

没办法，面对这些人，徐阶让人每天准备几桶大粪。只要看见人来了，就开始泼粪，一时间弄得整个徐家臭气熏天。谁也没想到昔日的大明首辅，竟沦落到这般田地。

聪明如徐阶，知道事情到了这一步，已不能再继续下去。于是，他放下架子请和了。当然，他不是找的海瑞。纵然海瑞逼人太甚，充其量也只是一个被人利用的枪手而已，真正厉害的是站在海瑞背后的高拱。他给内阁大臣高拱发出了降表，表示了自己的悔意，并且承诺不会再出山和高拱抢夺大明首辅的位置。

有了这个承诺，一直观望的高拱笑了，这是他一直在等的结果。如今结果符合他的心意，一切都好说了。高拱很大度地给徐阶回了一封信，信里高首辅回忆了和徐阶曾经共事的光荣岁月，末了表示这事都过去了，自己不会记在心上，以后大家都是朋友，彼此还会往来的，只希望徐大人今后多捧场。然后，高拱又话锋一转，大骂海瑞，说他实在是不像话，做得太过分了。

高拱毕竟是大明的内阁大臣，不好直接出手，间接出手还是可以的。不久，朝廷就有动静了：那些言官得到了高拱的指示，纷纷弹劾海瑞。先是都给事中舒化说海瑞迂腐滞缓，不通晓施政的要领，应当用南京清闲的职务安置；紧跟着给事中戴凤翔弹劾海瑞庇护奸民，鱼肉士大夫，沽名乱政……很快这些奏本都到了高拱手里。这次高大人没有犹豫，直接批准同意。就这样，只用了几个奏本，干劲十足的海瑞便被取消巡抚衔，调任南京总督粮储，轰轰烈烈的退田风波就此平息。

得知这个结果，海瑞先是不太相信，当得知这一切都已板上钉钉时，一直积压在心头的愤怒彻底爆发了。他给皇帝写了一封《告养病疏》，这封疏放在整个明朝也十分有名的，如果硬要排，这封疏仅次于骂明世宗的那篇《治安疏》。在信中，他大骂满朝文武，并且留下一句赠言：

"今举朝之士，皆妇人也，皇上勿听之可也。"[①] 就此回到了海南老家十六年之久。一直到万历十三年（1585 年），七十二岁的他才得以重新出山，担任南京吏部右侍郎。

据说，当时所有的内阁成员看了这封信，大家都面面相觑，没人反驳也没人回应。只有内阁首辅李春芳看了奏章后，笑着自嘲地说了一句："按照海大人奏疏中的意思，我大概是个老妇人吧？"

至此，海瑞人生中最风光的一次升迁只干了半年就彻底结束了。

带着不甘，海瑞买了条小舟回到海南老家。此时的海瑞已经是一个快六十岁的老人了，几乎所有人都认为，这个老人从官场上退下来，应该去养养花、看看书、遛遛鸟，不再过问朝堂世事了。

应该说，这个看法并没有错。错的是，这个人是海瑞，他不会这么做。

根据资料记录表明，在致仕的岁月里，海瑞依旧是那个海瑞，他依然尽自己所能为百姓请命。丈田、均税这些在应天府没有完成的大事，他在海南轰轰烈烈地展开了。对于完

---

① 《海瑞集·应天巡抚时期》。

成了丈量工作的好官，他提笔就给予表扬，对于那些偷奸耍滑、玩数字游戏的贪官，他依旧不改骂人的脾气："丈田人目不曾一见田形之面，足不曾一履田丘之地，中有奸弊，罪归何人？"

本可以做闲云野鹤，却始终奔波在前线。对海瑞而言，读书修身无非是为了黎民百姓，赋闲在家虽看起来不错，实则是一件痛苦之事。对于一心做事，完成圣人理想的海瑞来说，为民奔波才是人生的意义，若连这点都做不到，那人活着实在意义不大。

尽管年岁不小，但海瑞日复一日地期盼复出的那一天。如果每个人都是遇到一点挫折就垂头丧气，闭门不出，那根本就不是一个称职的官员。

他始终相信，属于自己的复出之路一定会到来。

六

这一等就是足足十六年。隆庆六年（1572 年），做了六年皇帝的明穆宗突然中风去世，年仅十岁的明神宗继承皇位，朝中局面为之一变。

与此同时，张居正联合太监冯保将首辅高拱拉下了马，张居正成为大明首辅。随后，这位大明最有权势、最富有实干精神的首辅，开始了自己的改革之路。

得知消息后，海瑞以为自己的春天要来了：因为张居正和他有着一样的理想。而且，张居正曾在《荆州府题名记》中说："田赋不均，贫民失业，民苦于兼并。"① 这个崇高理想与自己不谋而合。

最让海瑞觉得万无一失的是，张居正在他秉公执法、遭到非议时，特意给自己写了一封信，信中对他的去留表示了同情："三尺法不行于吴久矣。公骤而矫以绳墨，宜其不能堪也，讹言沸腾，听者惶惑。仆谬忝钧轴，得与参庙堂之末议，而不能为朝廷奖奉法之臣，摧浮淫之议，有深愧焉。"②

信写得很真诚也很让人感动。大意是，国家法律不能在吴地得到贯彻执行由来已久。海瑞公骤然用法律来严格要求他们，他们无法忍受也是正常的。谣言散播，听者惶恐不解。鄙人忝居国家要职，不能替您说几句话，平息那些苍蝇似的议论，深感愧疚！

有了这个保障，海瑞坚信那个曾经同情他的张居正，一定会起用他。

---

① 《张文忠公全集·卷九》。
② 《张太岳先生诗文·卷二十二》。

然而，日复一日，北京那边迟迟没有传来任何消息。

一些御史开始上奏了，在他们看来，海瑞公正无私，连皇帝都敢骂，连内阁首辅都可以骂，有这样的人来帮着首辅管理国家最好不过了。面对御史们的要求，张居正写了一段十分有名的批语："海瑞秉忠亮之心，抱骨鲠之节，天下信之。然夷考其政，多未通方。只宜坐镇雅俗，不当重烦民事。"简单来说就是：作为道德楷模，海瑞是没问题的。问题的关键在于，这样的人只能被香火缭绕膜拜，而不能真正与之同事相处，处理好地方事务。

评价可谓一针见血！作为大明最会用人，也是最能做事情的首辅，张居正一眼便看穿了海瑞的局限性，即这个人其实更适合做教书先生，而不是做官。

同样是读书人，张居正无疑比海瑞要清醒得多。他没有徐阶的精明，也没有高拱的小心眼，更没有想利用海瑞来达到什么目的。他只是从实际出发，从政务出发来判断海瑞。

无疑，在他心目中海瑞是不合格的。

海瑞纵然高风亮节，为官清廉，不畏强权，不向恶势力低头，甚至敢抬着棺材去骂皇帝……但这对朝廷大事和自己即将到来的改革一点用处也没有。而且不知道变通的个性，很容易被他人利用。

在张居正看来，用这样的人风险太大，成本太高。所以在张居正做内阁首辅的十年里，海瑞一直没有得到重用。

这是一个巨大的挑战，或许海瑞怎么也想不明白，为何对他颇有好感，勇于任事的张居正就是不用自己。自己奋斗了二三十年，到头来竟只能成为一件道德摆设。

这个巨大的问号，渐渐击溃了海瑞的内心。在张居正做首辅的十年时间里，海瑞渐渐变得沉默寡言，他没有什么娱乐爱好，更没有天伦之乐，唯一能陪伴自己的也就是几卷书本。久而久之，海瑞以肉眼可见的速度老去。

皱纹、白发，疾病、贫穷，日益跟不上节奏的智力都慢慢找上了他，内心郁闷的他渐渐明白：自己这一辈子到了这儿，应该是到了尽头了。

但事实并非如此。他唯一没算到的是张居正的身体，这个为大明呕心沥血进行改革的首辅，终于把自己活活累死了，万历十年六月二十日张居正去世，年仅五十八岁。

谁也没想到，这个生前享受无限荣光（明代唯一生前就被授予太傅、太师的大臣）的内阁首辅，死后仅仅四天，就什么都不是了。御史雷士桢等七名言官弹劾潘晟，神宗命潘致仕。潘晟乃张居正生前所荐，他的下台，标明了张居正的失宠，言官也把矛头转向张居正。

　　于是，明神宗下令抄家，并削尽其宫秩，追夺生前所赐玺书、四代诰命，以罪状示天下。而且，张居正险遭开棺鞭尸。家属或饿死或流放。张居正在世时所用一批官员有的削职，有的弃市。而这时，一直被张居正弃之不用的海瑞再一次被人记起。

七

　　万历十三年（1585 年）正月初十，明神宗朱翊钧器重海瑞的名望，下旨召海瑞为南京右佥都御史。赴任途中，又改为南京吏部右侍郎。

　　这一年，海瑞已经是七十二岁的老人了！七十岁能随心所欲而不越规，这是孔子对自己学习和修养的过程自述。而这个过程也是随着年龄的增长，思想境界逐步提高的。海瑞学习圣人的学问，遵从圣人的教条，到了这个年纪，应该是心态平和，各种事情早已见怪不怪了。

　　回到海南已经十六年之久，纵然是海瑞也应该有所改变，但很快人们就失望了，海瑞依旧是那个海瑞，丝毫没有因为年龄的增加而有所改变。

　　诏书一到，海瑞就启程了。当时有人规劝他说："你被朝廷扔在这里这么多年了，怎么能只接到一份诏就上路呢？怎么也得推辞个一两次才行。"

海瑞却不以为然："主上有特达之明，臣子不可无特达之报。区区虚袭，奚取焉！"毅然赴南京上任。

虽然嘴上说得很正气凛然，但毕竟已是七十二岁的老人了。十六年远离庙堂，此时此刻的他虽然雄心不减，但岁月的磨砺，年纪的增长，甚至白发和皱纹悄然而至，让他对自己的能力有些怀疑。

但这只是一种假象，或者可以说是海瑞的某种感怀。一旦触碰工作，海瑞昔日的风格依旧在，上任之初，因为新任南京吏部尚书丘橓还未到职，南京吏部右侍郎海瑞便兼理吏部事。他很快就发现南京的各个衙门存在重大弊端，比如各个衙门开一张票子就可以上街去商铺拿东西，用来抵扣税款，或将商品打折，甚至有白拿或强行索要的现象，而且从通政司①收到的状子里竟有五城兵马司②向民间摊派物品、变相敲诈勒索钱财的事，弄得老百姓苦不堪言。海瑞经过仔

---

① 明朝置，全称为"通政使司"，掌受内外章疏敷奏封驳之事，凡四方陈情建言、申诉冤滞，或告不法等事，于底簿内誊写诉告缘由，呈状以闻。

② 即中、东、西、南、北五城兵马指挥司，为负责京师巡捕盗贼，梳理街道沟渠及囚犯、火禁等事的衙门。

细斟酌后，决定先对五城兵马司开刀。他先发布了《禁革积弊告示》，告示里他义正词严地告诉了五城兵马司，严禁侵用里甲，摊派物品，勒索钱银，并指出："以五城之人，当千百官大小用度之害，侵用里甲，朝廷历历明禁。……今后如有部议之外，仍前票扰者，虽小费一分一文不及先日万分之一，亦不姑恕。"

不光如此，他还上疏言衰老垂死，愿意效仿古人尸谏的意思，列举明太祖朱元璋刑法，剥人皮装上草制成皮囊，以及定律枉法达八十贯判处绞刑的规定，说应当用这样的方法惩治贪污。其他谋划时政，言语也极为切实。就这么一波操作，让整个南京都明白了，海瑞还是那个海瑞，丝毫没有因为年纪的增长、岁月的流逝，而丧失自己那份独特的品性。

这样的倚天剑，锋利无比，南京官员不敢硬碰硬。唯一能做的就是和浙江、江西的官员一样，动用自己的力量，将这尊油盐不进、岁月不改的大神给送走。

于是，海瑞在吏部右侍郎的位置上还没有适应，朝廷的调令就下来了，他被升为南京右都御史。这个官听着看着都不错，但就是有一点——没啥实权。

自从明成祖迁都北京后，为了表示对老爹朱元璋的尊重，特意在南京搞了一套官职。这套官职和北京一样，但职位待遇有天壤之别。当时的政务中心在北京，南京是留都，所以来这儿的人基本上都是养老的。官还是那个官，活儿却不是那个活儿。

此时此刻的海瑞，或多或少明白了：明神宗并非想重用他，只是不愿意做驱逐名臣的昏君，在历史上留下骂名而已。因此，即便仅仅是让海瑞在朝廷里担任一个闲职，也算是彰显自己求才若渴的好名声。但这终究不是海瑞想要的。

这个经历了正德、嘉靖、隆庆、万历四朝。历任福建南平教谕、浙江淳安知县、江西兴国知县、州判官、户部主事、兵部主事、尚宝丞、两京左右通政、右佥都御史，推行清丈土地，平赋税，并屡平冤假错案，打击贪官污吏，深得民心的老人，回望自己的一生，忽然发现自己努力一生，却没能给这个世界带来多少改变。

几十年的壮志雄心未能实现，白发却已经遮住双眼，这种失望的一幕，让他忍不住给侄女婿、进士梁云龙的信中说："七十有四非作官时节，况天下事只如此而已，不去何为？"

一向不服输的他也认定自己这一生到此为止了。他开始写致仕辞呈，希望尽快从这片失望的官场中抽离。然而，万历皇帝一次又一次地拒绝。这位年轻的皇帝虽然不想用海瑞，但丝毫不影响他对海瑞的欣赏：有这么一个清廉的官员在自己的手下，注定是要载入历史的，而这也将是他的荣耀。

既然走不了，那只能干活。和混日子的官员不同，海瑞的人生字典里没有"混"字一说。只要在岗一天，就应该履行一天职责。纵然这个官有名无实，但那也是官，拿的是朝廷的俸禄，吃的是朝廷的俸米。

于是，他开始了自己人生最后的一次管理。上任后，力主严惩贪官污吏，禁止徇私受贿。诸司向来苟且怠慢，海瑞身体力行，矫正弊端。其间，有一个御史过生日，在家大摆宴席，还请戏班子唱了一天的戏。海瑞知道后，按明太祖法规毫不留情地让人将这个御史按在地上，实行了杖刑。百官恐惧不安，都怕受其苦。

为了活得滋润点，为了彻底走出海瑞的管辖范围，也为了彻底送走海瑞。他们开始走上了弹劾之路。虽然他们很清楚，眼前的这个人根本没有什么可以弹劾的，但比起活在海瑞的管辖之下，他们更愿意冒险去试一试。

提学御史房寰怕被纠举揭发自己的不法之事，想要先状告海瑞，给事中钟宇淳从中怂恿，房寰于是多次上疏诽谤诬蔑海瑞。

海瑞曾多次上疏请求致仕，但皇帝都以好言挽留，不准辞职，奏折的批复意见也值得玩味："瑞昔在世庙时，敢言直谏，有批鳞折槛之风，清约自持，有茹茹饮冰之节，当局任事，恐非所长，而用以镇雅俗，未为无补，合令本官照旧供职。"

海瑞终于明白，皇帝终究还是喜欢能办事，且不会得罪人的人。他多年的努力，最好的证明就是可以用来作为一个道德标杆，成为一道另类的风景线。

可是，海瑞的生命终于走向了尽头。

八

万历十五年（1587 年），这是值得关注的一年，除了海瑞，还有另外一位名人也在这年走向了人生的尽头，他叫戚继光。

相比戚继光的凄凉，海瑞也没好多少，这个刚强的男人，最终因操劳过度，加上屡遭人诬告，病倒在床上。去世前三天，兵部派人给他送来烧火做饭的薪水费用，官吏看海瑞病得不轻，暗地里给他多付了七钱，海瑞无意中发现多了七钱，派仆人把七钱分文不少地退回兵部。除此之外，没有留下只言片语。很显然，他对这个朝廷、对这个世界说得太多了，多得自己都不知道想说什么。

清官的身后事，从来是不能看的，海瑞也不例外。得知海瑞的死讯后，他的下属、南京都察院的佥都御史王用汲前去探视，发现海瑞的床帏是葛布做的，搁置杂物的竹箱也破旧不堪。而箱内仅存俸银十余两，旧袍几件。王用汲心想，哪怕是贫寒之士，也不会这般潦倒，忍不住潸然泪下，几个同僚凑钱为海瑞办理丧事。

消息传出，整个大明的官场似乎都隐隐约约松了一口气。这个苛刻到极致的人终于走了，紧绷的神经也可以放松了，剩下要做的除庆祝之外，就是给予评价。

纵然，他们不喜欢这个官场的另类，但并不表示他们不敬佩他的勇气、佩服他的清廉、佩服他敢于亮剑的精神。所以海瑞身后是相当辉煌的，给予他的评价一波接着一波，有人写诗说："萧条棺外无余物，冷落灵前有菜羹。说与旁人浑不信，山人亲见泪如倾。"[1] 还有一位御史当年被海瑞痛打了一顿，对海瑞是恨之入骨，可海瑞死后，他来到了海瑞的家，怅然地说了句话："回吾怨恨之心矣。"

---

[1] ［清］赵吉士：《寄园寄所寄·卷二》引《座右铭》。

吏部左侍郎将世间最美好的词都送给了海瑞："唯尔高标绝俗，直道揭躬。视斯民犹己饥寒，耻厥辟不为尧舜。矢孤忠而叩阙，抗言争日月之光；出百死而登朝，揽辔励澄清之志。迨起家于再废，乃浃岁而三迁。岩石具瞻，卓尔旧京之望；素丝无染，褒然先进之风……若金在冶，虽百炼而愈坚；俟河之清，奈九泉之莫及……"①

纵然这些赞美之词并不是海瑞想要的，但这一刻都用在了他身上。谁都知道，这一刻，这个男人值得拥有这些赞美之词。

至此，海瑞的时代结束了。

我们回看，可以很清晰地看到，海瑞并没有改变大明什么，没了他的大明官员依旧沿袭着各种陋规，继续打白条，继续侵占土地，继续非法使用朝廷的驿站，直到大明帝国走向灭亡，一切从未改变。

海瑞对此，曾经也有过清楚的认知，他处处不讨喜，处处受到牵制、处处碰壁、处处努力、处处没有任何的收获，他感慨过，甚至痛骂过："满朝之士，悉皆妇人。"

凡此种种，汇聚成一句话，无非是："这等世界，做得

---

① 《南京同官公祭海公碑》。

成甚事业！"

刚毅如海瑞，努力如海瑞，另类如海瑞，清廉如海瑞！他死后，南京的百姓因此罢市。灵柩用船运回家乡时，穿着白衣戴着白帽的人站满了两岸，祭奠哭拜的人百里不绝，因为他们相信，只要这世间多几个海瑞这样的另类清官，那么这个世界一定会改变。

然而，海瑞用他的一生告诉了世人，"个人道德之长不能补救组织和技术之短"。那个人人期待的世界，直到明朝灭亡都未出现。

公元 1644 年，李自成的大军进入了北京城，大明王朝最后一个皇帝崇祯带着太监王承恩上煤山（今景山）瞭望，当返回乾清宫时，发现大臣皆已逃散，最后崇祯便前往煤山自缢身亡，大明就此灭亡。

而此时，距海瑞之死，不过五十七年。

张四维

悲催的继任者

一

万历十年（1582 年），内阁首辅、太傅兼吏部尚书中极殿大学士张居正因病去世，只剩下内阁辅臣张四维、申时行、余有丁^①、潘晟^②四人。

四人当中，不论是排序还是威望与资历，张四维都是排第一位的。所以，这一年的首辅人选不存在任何暗中较量，张四维便在万众期待的目光中继任。万历十年七月，大明王朝正式走入以张四维为首的内阁时代。

熬了这么多年，终于轮到了自己，正常人都会激动，张

---

① 嘉靖四十一年（1562 年）考中进士第三名（探花），名列申时行、王锡爵之后，授翰林院编修。

② 著名的水利专家，以礼部尚书兼武英殿大学士入召，因张居正故去遭弹劾，未及上任即罢去。

四维也不例外。他立刻着手打造属于自己的时代。

上天似乎也有这个意思。在张四维刚成为首辅之时，皇子出生了，万历遂颁发诏书于天下。一看机会来了，他立即抓住这个难得的机会向万历上书："如今朝廷法纪清明，国内和平安定，完全称得上是太平盛世。可是文武官员们，不了解朝廷励精图治的本意，做事急功近利，导致征敛没有限制、政策漏洞百出，使得朝廷内外议论纷纷，完全丧失了爱民之心。正好借这个大喜的日子，除去一些不当的政策，广布皇恩，让天下黎民百姓都感激您的恩德，这是稳定民心、建设好国家的关键。"[①]此举用意一目了然，那就是要去掉张居正当首辅时期的强大影响力，应该说这个想法并没有错。

谁也不想活在别人的阴影下，有张居正这尊"大神"在，张四维根本没法刷出存在感来。

为此，张四维在庆贺皇子降生的时候，把张居正的新政一齐取消；将曾经攻击过张居正的官员，一批批地拉进来，不光如此，轰轰烈烈推行的"一条鞭法"也一件件地停止了。土地丈量停止了，部分地区停止了"一条鞭法"，恢复

---

① 《明史·卷二百十九·列传第一百七·张四维传》。

了两税制。然后便是把镇守北方的大将戚继光调走，甚至连张居正耗费心血打造的"考成法"也废掉了。

张四维很高兴地发现，一切都朝着自己预想的样子进行，但他忘记了一点，一个人的运气太好，终归不是什么好事。

就在张四维准备进一步打造个人威望之时，事情就来了，根源还是张居正。

张居正做首辅的时候，为了改革能顺利进行，对言官十分严厉。靠着张首辅的强大个人能力，加之不怕得罪人的脾气，因此能在十年首辅生涯里，言官们基本上处于一种配合的状态。南京户科给事中余懋学、河南道御史傅应祯以及巡按辽东御史刘台能做的也只是在张居正的个人品行上找突破口，从而削弱他与皇帝的关系。如今张居正不在了，被压制了十年的言官，宛如脱缰的野马，彻底放开了。

况且，张四维为了减弱张居正的影响力，特意放宽了对言官的压制。如此一来，言官没了张居正的严厉，往日失去风采的言官们终于找到了属于自己的事业。

上书言事的人多了起来，不断地攻击张居正的种种不是的人也就多了起来。

二

面对这种做法，多少让早年跟着张居正的王篆、曾省吾等人害怕。为了活得相对自在一点，他们开始将目光瞄向了内阁次辅申时行①。

这是一个危险的信号。可惜，张四维并没有警觉。至少我们从这一点上来看，在面对危险时，张四维就不如申时行了。

恰好当时的司礼秉笔太监、司礼监掌印太监冯保想为自己争取一个伯的爵位，而且冯保十分讨厌张四维的种种举措。这个信号迅速被王篆、曾省吾捕捉到了，两人认为：与其坐以待毙，不如主动出击。于是，他们就开始用重金收买冯保，让他在万历皇帝面前说张四维的坏话。

冯保一个太监而已，怎么会有这么大的影响力？实际上，万历在位初期，如果说张居正的影响力排第一，那么冯公公绝对是排在第二的。

冯保这人有很高的文化素养，他在司礼监任职时便监刻

---

① 张居正是申时行的"座主"，他对申时行极为器重。申时行出任吏部右侍郎，也是他的意思，张四维之后最有希望做首辅的就是申时行。

了《启蒙集》《帝鉴图说》、"四书"等文化典籍。因为刻工精良，他监制刻印的书直到明末还在宫中收藏。甚至他还短暂地成为张择端的《清明上河图》的主人，这在历史上都是很少见的。

隆庆元年（1567年），提督东厂兼管御马监事务。当时司礼监掌印太监空缺，依资历和水平冯保应继任该职，但当时的内阁首辅很不喜欢冯保，就推荐御用监的陈洪来担任这个职务。陈洪这个人没什么本事，除了贪还是贪，所以干的时间不长就被罢免了司礼监掌印太监的职位。

这下，总该轮到冯保了，然而高拱就是不答应，然后举荐了厨师出身的孟冲为司礼监掌印太监。你说你举荐就算了，偏偏这人比陈洪还差劲，自然引起了冯保不满。至此，两人结下了梁子。

隆庆六年（1572年），明穆宗去世。当时的内阁首辅高拱一时没忍住在内阁十分悲痛地说了一句："十岁太子，怎么能治天下！"这句足以改变高拱一生的话，被冯保获悉了。他在第一时间找到了陈皇后和李贵妃（当时还未被万历皇帝拜为慈圣皇太后），声情并茂地将这句牢骚话改成了威胁的话："高首辅将太子斥为十岁孩子，说他怎能做人主！"

这句话太有杀伤力，孤儿寡母最怕的就是乱臣篡位。所以陈皇后和李贵妃一听这话大吃一惊，就连十岁的万历听说后也是小脸大变。潜意识中认为，这个高拱就是个彻头彻尾的坏人。

高拱想不到，自己因为一时嘴贱，彻底断送了自己的首辅生涯。万历登基后的第六天，一脸蒙圈的高拱在会极门外接到一道懿旨："今有大学士高拱专权擅政，通不许皇帝主专，我母子惊惧不宁。令高拱回籍闲住，不准停留！"

自此，高拱的内阁首辅生涯就此结束。

三

这个结果，冯保并不满意，万历元年（1573 年）正月，一个叫王大臣的假太监，在混进乾清宫时被当场擒获，投入东厂。对高拱一直恨意未消的冯保一看这是个彻底铲除高拱的好机会，于是就找到了张居正策划。

他让家仆辛儒给王大臣提供一切吃住，而且规格都是最高的。不久后，他将两把刀塞到王大臣的袖中，并且让他说是因为高拱有怨恨情绪，特意派他扮成太监来皇宫行刺万历皇帝的，事成之后给他想要的荣华富贵。

　　一般人都知道这件事的危险性，成功了那也是个死，失败了就更不用说了。所以，会一口答应这件事才是怪事。

　　然而，王大臣答应了。

　　一切似乎看起来很奇怪：这么一个人混入了皇宫不说，还答应了这么一个送死的要求，这一切是不是有点奇怪？

　　奇怪就对了！

　　过了一天，锦衣卫都督朱希孝等人对王大臣进行会审。不知道是害怕还是王大臣本身就是个见风使舵的人，总之他一看这么多人来审自己，立时害怕了，冲着主审官大声疾呼道："已答应让我富贵，干吗还要拷打我？而且我到哪儿去认识高阁老？"

　　此话一出，锦衣卫都督朱希孝害怕了。他知道再审下去就要出事情了。很明显，这个叫王大臣的人就是一枚棋子，而且目标是前任首辅高拱。

　　聪明的朱希孝没有继续审下去，及时退出了这场麻烦。正好赶上廷臣杨博、葛守礼等人力保高拱，将这件事说了出来，高拱才迫于舆论而悄悄暗示冯保。冯保恨意稍解，便用生漆酒将王大臣灌哑，移交给法司判了斩刑，高拱才算躲过了一劫。

　　毫无疑问，冯保的影响力巨大，甚至很多时候比张四维的影响力还要大。所以两人找到冯保是稳妥的，他们除了利用冯保和万历的关系说张四维的坏话外，还动用与他们要好的御史曹一夔弹劾吏部尚书王国光，说他讨好张四维，得以让自己的表弟王谦被提拔为吏部主事。

眼看事情就要闹大，作为次辅的申时行及时做出调整。他先是拟旨罢免了王国光，然后又连同着王国光的表弟王谦也一起贬了。但让他没想到的是，张四维不仅用皇帝的名义安慰留用他们，还让他们官复原职。这下，王篆、曾省吾等人算是抓住了把柄，御史张问达又弹劾张四维，使他非常狼狈。迫于无奈，他不得不花大量钱财向冯保的两名心腹徐爵、张大受求救，通过他们贿赂冯保，才使冯保手下留情。

不久，宦官张诚诬陷冯保，成功引起了万历皇帝对冯保的厌恶，至此冯保势力大受打击。一看机会来了，张四维立即策划他的门生、江西道的御史李植上奏弹劾冯保，说他有应当死的十二条大罪。万历这时也有对冯保动手的意思，借着这个机会，下旨查办冯保。结果，冯保、王篆、曾省吾等人都被赶出朝廷，张四维的威胁才算彻底解除。

一切似乎都雨过天晴，但这一切于张四维而言，不过是刹那芳华而已。

一场更大的麻烦即将到来。

四

万历十一年（1583 年）四月六日，做了十个月内阁首辅的张四维接到一个让他既悲伤又苦恼的消息——父亲张允龄去世了。在这个节骨眼上接到这个消息，令张四维在悲痛的同时，也感到深深的不安。

按照明朝的规矩，父亲去世了，他应立即辞去官职，返回山西平阳府蒲州（今山西运城）老家给父亲守孝二十七个月，待守制期满，重新回来任职，这就意味着，他要远离内阁三年。之后回来，即便是他想做首辅，首辅也不是他的了。

按照明朝规定，丁忧官员在丁忧期满后必须立即启程到京师吏部报到，不得无故拖延，一旦超过期限，吏部就会介入调查。实际上，官员出于生计和仕途的考虑，绝大多数都会在居丧期满后，迫不及待地赶赴京城，积极谋求重返官场。但是，到了吏部报到并不意味着马上上岗，大部分官员都得等上一段时间。幸运的话三五个月，运气不好的则可能是一两年。这也是当年张居正为何要夺情的原因之一。

从心理上讲，这个时候的张四维并不想回去，但现实已

119

经容不得他多想。前任首辅张居正那场夺情风波，他亲眼得见；危险系数有多高，他一清二楚。如果这个时候再玩一把"夺情"，后果将不堪设想。

出于个人安全考虑，张四维选择返回老家丁忧，想着熬过三年后再回来。

能力，谁没有？可惜的是，历史没有给他这个机会。返回老家的张四维一直厄运连连：刚回到家，他的母亲胡夫人也跟着老爹去了；紧接着两个弟弟也在不久后又亡，悲痛交集的张四维带病致哀服丧。

万历十三年（1585年）十月十六日，眼看着服丧将满，张四维自己竟也病死在家里了。

至此，这位大明首辅彻底退出了舞台。

公平地讲，张四维算不上一个绝对的坏人。他对前任首辅张居正并无任何恶感，但也没什么好感。他从骨子里也没有彻底打击张居正的意思，万历清算张居正负面影响波及张家子孙的时候，张四维是站出来做过辩解的：

乃岳老当柄久，不似前时小心长慎，孤私忧之，密有规讽，时亦见听，然积不相悦矣。奸人窥之，遂横生枝节，多方毁诋，赖公每事明其不然，遂全终始。

然孤非欲自异，乃欲相成，顾岳老不察耳！使岳老信孤如前时，凡事相订确求当如前时，则伊周事业可冀，安有后来纷纷者？[①]

五

张四维的努力并没有改变张居正及其家人的最终命运，因为这事并不是他能左右的。他能做的就是尽量缓和文臣和皇帝之间的各种矛盾引起的怨气，劝说万历皇帝适可而止。在这件事上，他的继任者申时行也是这么干的。

唯一不同的是，申时行在文渊阁干了九年，而张四维只干了十个月就彻底退出了。加之在处理问题上，申时行比张四维更懂得以柔克刚。历史学家黄仁宇在评价申时行时说，申时行有阳刚有阴柔，他总能恰如其分地处理文官集团与皇帝之间的矛盾，因此他能一边安抚好文官集团，一边安抚好万历皇帝，最终皆大欢喜；而张四维显然是没有做到这一点，所以后人自动忽略了他的努力，将张居正死后引起的混乱局面强行扣在了他的头上，这无疑是张四维最大的悲哀。

---

① 《张四维集》。

申时行

风吹水面涟漪起

一

　　万历十年（1582 年）六月，大明最有权势的首辅张居正去世。空出来的位置，由资历和能力最佳的张四维继任。

　　作为张居正一手提拔的申时行，此时此刻能做的只有等待。他虽然也是内阁成员，但资历和威望反而是排在最末尾的。

　　是的，除了等待外，似乎没有其他出路。

　　但历史的精彩在于，总会在不经意间丢出一抹让人意想不到的温柔。这一抹温柔恰到好处地落在了申时行的身上。

　　万历十一年，刚刚做了一年首辅的张四维碰上了一件于他而言最不合时宜的事情：他的父亲张允龄去世了。有了张居正的前车之鉴（夺情），纵然张四维并不愿意，但仍是放下手中的工作返回老家给父亲守孝二十七个月。可是，到万历十三年（1585年）十月十六日，眼看着服丧将满，张四维自己竟也病死在家里了！

至此，这位前后只做了一年的大明首辅彻底失去了竞争首辅的资格。看到这儿，我们不能不说，申时行的运气实在太好，好到让人羡慕。

纵然没有张四维，当时的内阁首辅依然有马自强、吕调阳，但命运仿佛将所有的好运都集中在申时行身上——在张四维回去的这段时间里，吕调阳和马自强也相继病死。内阁中就数申时行资格最老。于是，他才得以继张四维出任内阁首辅。

申时行坐上首辅之位后，也想大有作为。

二

然而，在文渊阁的九年时间里，大家对申时行的评价并不高。这个全因申时行清醒的认知和独特的个人秉性决定的。他的才能无疑是出众的，能在多达二百九十九人的进士中脱颖而出夺取状元，然后又因为才干而被张居正加以重用，足以说明一切。文学大咖王世贞给申时行的评价"富有积蓄，不近悬崖，不树异帜"也正好说明了这一点。

只不过，在申时行之前，文渊阁的首辅是张居正——张四维的任期太短，看不出政绩。

尽管张居正死后，遭到了一波接着一波的清算和否定，但有一点从来没人否认，那就是张居正的功绩。

和张居正大刀阔斧的改革相比，申时行在文渊阁的九年时间里，实在是过于平静，或者说是波澜不惊。所以很多人认为，申时行的个人功绩其实就是一张白纸，他什么也没留下，浪费了一身大好才华。

无疑，这只是一点表象而已，拨开层层迷雾我们会发现，申时行纵然比不了张居正，但在首辅之中，也是顶尖的存在。

相比张居正的雷厉风行、大刀阔斧、富有创新才华，申时行似乎更适合处理特殊关系，进而将明朝拉回正轨。

有一个故事可以说明申时行的处事方式：在明代，许多退休回家的官员都要买田扩宅，采取的方式也多为巧取豪夺，所以民愤极大。申时行也遇到了这个问题，当时他想扩展一下他的房宅，正赶上邻居是一个做梳子生意的木匠。申时行先同这个邻居商量，但这邻居不买他的账。有人便提议通过官府强买，但申时行不同意。

他想到一个办法：让管家到这家梳子店买了很多梳子，

每当有客人来时就赠送一把，并称颂这梳子如何如何好。逐渐，这家梳子店的生意越来越红火，特地到他店里来买梳子的人更是络绎不绝。但生意好也会带来问题，那就是店面太小、顾客太多，必须另找地方扩大经营规模。于是店主主动找到申时行，请求他买下其店面，自己转去他处继续经营。这样申时行只用两三年时间便用他的方法实现了目的。

这就是申时行的处事方式，既没有咄咄逼人地去要去抢，也没有装聋作哑当没看见，而是采用一种极为温和的方式处理此事，从而得到了自己想要的结果。可以说，这是一种十分高明的手段。

申时行以"大事化小、小事化无"的原则调和皇帝与廷臣之间的关系，成功地将大明拉回了既定轨道，避免了各种矛盾的爆发，从而让大明王朝缓慢地前行。缺点是容易被人忽略和遗忘。

申时行最大的缺点，在文官看来，那就是"不作为"。

这个主要集中在万历的皇储问题上，万历的长子是后来的明光宗朱常洛，他的母亲王氏是慈圣皇太后的侍女，朱常洛的出生是一次意外。前文已讲，此处不再赘述。

但万历只是一时的情绪爆发。从根本上来说，他并不喜欢王氏，甚至不承认有这么一回事。但在起居注中记载了这件事情，并有当时赏赐给王氏的实物为证，再加上慈圣皇太后盼孙心切，最后只能被迫承认这件事情。本着恶其余胥的原则，万历一点都不喜欢王氏生的朱常洛。

朱常洛四岁那年，万历宠爱的郑贵妃生下了朱常洵。子以母贵，朱常洵备受万历皇帝的宠爱，自然在皇位这个问题上，万历也有了自己的想法。按照他的意思，要立小儿子朱常洵为皇储。

废长立少，既不符合祖宗家法，更是历代王朝内乱之源，所以没人赞同。

而一直将希望寄托在长子朱常洛身上的文官大臣，生怕万历走这一步，便叫嚷着要万历早早亮明态度立长子朱常洛为太子，好稳定满朝大臣的心。为了体现他们的态度，他们推内阁首辅申时行为首，联名上疏，请立朱常洛为太子。

但万历压着不理，最后干脆置之不理。态度一目了然，那就是我不同意。

三

最先理解万历不合作态度的是申时行。从这点上看，危险来临之前，申时行无疑是警觉的。然而，申时行最大的无奈在于，他需要面对固执且聪敏的万历和不胜其烦的大臣，和往常一样，申时行采取了"大事化小、小事化了"的处事风格。

他相信，只要自己想要的就一定能达到。这个想法无疑是好的，只是结果有点出乎意料。申时行一方面赞同万历废长立少；另一方面在群臣面前则装作恪守礼法，反对废长立少。这种做法很快就暴露了其危险性！

一些大臣见万历迟迟没有动静，就将矛头指向了万历宠爱的郑贵妃，对其指责辱骂不少。郑贵妃受不了，就将这个难题又推给了万历，见心爱之人被一帮文臣弄得灰头土脸的，万历十分恼火，就找到了申时行，要求他把这事儿给解决了。

这是一个两头不讨好的事，搁在一般人身上多少会推辞。但申时行是个例外，他似乎想到了某种平衡的法门。他给万历出了一个好主意：官员上疏言事，应将范围限定在自己的职掌范围内；不是职权范围的，不得妄言。各部各院的奏疏，都先交各部各院长官审查，合乎规定的，才准上呈皇帝。①

---

① 《明史·卷二百十八·列传第一百六·申时行传》。亦可参见［明］申时行《召对录》。

这主意大概的意思就是，大家都各自管各自的事，其他事不要胡乱插手。有什么意见，可以提，但要经过各部各院长官审查。审查好的、合乎规定的，才准上呈皇帝。

这主意很明显让万历很受用。因为，文官最大的上司就是申时行。下面的意见和看法能不能送上来，是不是合乎规定，全由申时行说了算。

如此一来，郑贵妃的压力就"大事化小、小事化了"了。

事实证明，申时行的这个主意不错。但终究是治标不治本，因为和皇帝唱双簧，终究难以做到万无一失。

起先，效果很不错。文官有要求，申时行也装模作样地上疏劝谏了几次，万历也给予了配合。甚至在万历十八年（1590年）还下了诏书："朕不喜鼓噪。诸臣的奏疏一概留中，是痛恨一些人离间朕父子。如果你们明年不再鼓噪，就于后年册立。否则，等皇长子十五岁以后再说。"万历如此配合，申时行自然也不落后，当即告诫诸臣不要再鼓噪了。

但再好的双簧也有失误的时候，毕竟谁也不知道意外和明天哪个先来。万历十九年（1593年），万历承诺的一年期限到了。工部主事张有德率先上疏，请订立册封仪式。不过，万历从骨子里就不想让朱常洛做太子，一年的期限不过是配合申时行唱一下双簧，稳定群臣的情绪而已，并没有当真。所以听人再次说起之时，万历还是玩起了老花样，立马又下达诏书，大意是太子册立之事再延期一年。

巧就巧在，内阁当时也响应大众的要求，给万历上了一道奏疏，请求准备册立之事。当时，申时行适逢休假。主持内阁事务的许国和群臣商议后，觉得这等大事，还是需要申时行来露个脸。出于对首辅申时行的尊敬，上疏署名的时候，许国自作主张把申时行的名字也写上去了（属于代签）。要说你签就签吧，还将人列在首位，这个多少就有些不厚道了。

四

得知消息的申时行，既不想得罪文官，又不想让皇帝误解这是自己的主意。便给万历上了一道密疏说："臣方在告，初不预知。册立之事，圣意已定。有德不谙大计，惟宸断亲裁，勿因小臣妨大典。"[1]

---

[1]《明史·卷二百十八·列传第一百六·申时行传》。

这段话翻译过来就是，之前我在休假，对现在这些事并不知情。册立太子这件事，圣上的意思已经明确。张有德不懂得大计，希望皇上亲自裁决，不要因为小臣而妨碍了大典。

事情到了这儿，依旧没有问题。因为是密奏疏，所以知道的人只有万历一人。但奇怪的是，仅仅几天的工夫，文武百官已全知晓。

因为申时行的这道密疏很快便传了出来。至于谁传开的，历史没有记载，我们也不得而知。唯一知道的是，这道被公开的密奏疏，彻底断送了申时行的职业生涯。

天下大臣都是小人，唯独你申时行是君子？！

这种首鼠两端行为，很快就引起了公愤。给事中罗大纮最先发难，他公开上疏，弹劾申时行表面上赞同群臣立朱常洛为皇储的建议，背地里却迎合皇帝心意，拖延册立一事，以邀皇恩。紧跟着内阁中书黄正宾也上疏，弹劾申时行排挤、陷害同僚。结果，罗大纮、黄正宾两人被罢官。

每次看到这里，我都觉得好笑。万历这就是摆明嫌事儿不够大，嫌申时行还不够惨。大明不怕闹事的人大有人在，去了一个罗大纮、黄正宾，迎来的是更多的罗大纮、黄正宾。

很快，便有御史邹德泳上疏，斥责申时行首鼠两端。其他大臣也大有摩拳擦掌之意，虽没有行动，但态度已经明了。

这个时候的申时行就比张居正要谨慎得多，颇有点老滑头徐阶的风范。他知道，处在这个危险位置上，最好的解决办法就是辞官。申时行立马付诸行动，万历诏准，许他乘驿站的车马归乡。

至此，申时行在文渊阁的九年首辅生涯也宣告结束，而这件事也成了他人生最被人诟病的所在。后来的人在评价申时行时，目光都着重在这点上，全然忘记了另外一件事。

那么，这是件什么事呢？

五

从某种意义上来说，无论对于万历一朝，还是对申时行本人，这都是件微不足道的小事，因为它足够小。但我们以宏观的眼光去看，在整个明朝后期的历史，这一件事较国本之争要大得多。

万历十五年（1587年），辽东巡抚顾养谦察觉到一个危险信号：一个建州酋长正在不断开疆拓土，并且势头很猛。常带兵的他，第一时间感觉到了危险。

十一月，他给朝廷上了一份奏疏，上面写了一句载入史册的话："努尔哈赤益骄为患。"这是努尔哈赤的名字第一次出现在《明神宗实录》里。然而，朝廷并没有引起重视。准确地说，申时行所率领的文渊阁没有对巡抚顾养谦给予足够的重视，即便如此，顾养谦依旧没有放松对努尔哈赤这头猛兽的警惕，他率先领兵去征讨。结果却不尽如人意，他失败了。

顾养谦认为失败的原因，是下面的按察御史王缄不按照自己的命令执行，坚持怀柔抚顺的意见，认为努尔哈赤"奄奄垂毙"，不值得过于重视，才导致了这场战事的失败。为此，顾养谦上了一道奏疏，在奏疏里他疾呼："倘闻者不察，谓开原之情形果尔，则边事去矣！"①

遗憾的是他的奏疏并没有引起重视，甚至还引来了弹劾。不少不明情况的御史认为他夸张努尔哈赤的危险程度，目的是"贪功徼赏"。双方你来我往，很是热闹。

首辅申时行认为这是一件微不足道的小事，不值得弄得大家不愉快。于是，他以和事佬的身份调停了这件事。

---

① 《论开原道臣王缄反覆贻祸疏》。

然而若干年后，这个叫努尔哈赤的人，建立了属于自己的国家，后世称其为清太祖。这件足够改变政治格局的小事却没有人记录在申时行的失误之中。

六

最后说说申时行的结局。毫无疑问，他的结局要比张居正好得多，万历十九年（1591 年）八月，申时行回到了故乡长洲。这年，他五十有七。如果不是密疏泄露，以他的体格，再干个二十年也没啥问题。但历史没给他这个机会，带着某种失望，他在老家度过了二十三年。

万历四十二年，八十岁的申时行走到了人生尽头。万历皇帝特意派了使者带着诏书前来慰问。诏书到了申府大门，申时行正好咽气。万历诏赠为太子太师，谥号"文定"。这个评价，无疑是非常合适的。

王锡爵

最后的一片余晖

一

以万历十年（1582 年）为节点来看，当时的翰林院、掌院学士王锡爵并不怎么出彩。论名望，他比不上申时行；论资历，他比不上以决策功晋兼太子太师的张四维。但这不能说明，在万历执政的四十八年里，王锡爵不重要。

事实证明，在万历十年以及万历之后在位的三十余年里，演重头戏的除了申时行外，就是王锡爵。这个南直隶苏州府太仓州（今江苏太仓）人，以他独特的才能和个人魅力，开启了万历后期的余晖。

根据史书记载，王锡爵出生时，正巧有一群鸟雀飞集其家院宅，因古时"雀"与"爵"通假，遂起名锡爵。

这个"爵"字似乎给了他极好的运道，嘉靖四十一年

（1562年），二十八岁的王锡爵会试第一，廷试第二。①
这是十分了不起的成绩，按照朝廷的规矩（明英宗以后开
始），科举进士一甲者要授予翰林院修撰、编修。另外还要
从二甲、三甲中，选择年轻而才华出众者入翰林院任庶吉
士，称为"选馆"。

作为当朝榜眼，王锡爵顺利进入了翰林院成为一名七品
编修。

这份工作似乎很适合他，而且他在短时间内也取得了不
错的成绩。如万历四年（1576年）王锡爵充任世宗实录副
总裁官，万历下旨限一月内成书。结果书如期纂成，王锡爵
升为詹事府詹事兼侍读学士。

仅仅一年后的万历五年，王锡爵以詹事掌管翰林院。

这是一个比较有前途的官职，只要努力干，未来一片光
明。这点毫无疑问王锡爵是知道的；唯一没有料到的是，在
这一年的九月会发生一件足以改变他人生的大事。

这一年的九月，当朝首辅张居正的父亲张文明在老家去
世。按照朝廷规矩，官员父母去世，儿子应自闻丧之日起，
马上离职返回老家丁忧守孝二十七个月，期满起复。其间，

---

① 当时的第一名是申时行，据说他输给申时行做了榜眼，并不是文采不如申
时行，而是相貌上不如申时行高大俊朗，加上为人不够圆滑。

如果皇帝特别指定不许离职，则称为"夺情"，但一般人不敢冒这个风险去这么做。

当时的张居正已经做了五年首辅，由他推行的万历新政，正有条不紊地展开。唯一的缺点是这件大事需要张居正亲自指导。一旦他离开，这项意义重大的改革或许就此毁于一旦，于公于私，张居正都不想在这个时候离开。

但巨大的舆论容不得他多想，当他接到丧信的第三天，内阁僚属、翰林院学士等就纷纷到次辅吕调阳府上去朝拜。这个举动让他深切地感到人还没走茶就凉了。五年的努力，总不能白费！出于这点考虑，张居正决定"夺情"任职。其时，张居正的同年户部侍郎李幼孜第一时间看出了张居正的心思，便首先提出夺情倡议。大太监冯保也不想让张居正这个时候离开，便传旨让吏部尚书张瀚挽留张居正。在两人的策划下，万历皇帝也立即亮明了自己的态度，在下发吏部的圣旨中写道："安定社稷，朕深切依赖，岂可一日离朕？父制当守，君父尤重，准过七七，不随朝，你部里即往谕着，不必具辞。"①

张居正也及时做出回复，上了一份《乞恩守制疏》，表

---

① 《张文忠公全集·奏疏六·乞恩守制疏》。

示自己应该回去给父亲守孝，自己现在才五十三岁，守孝的时间也不长，才三年而已。到那时候，自己的身体也没什么毛病，只要皇上不嫌弃的话，还是可以回来的。当时的万历皇帝只有十五岁，虽说已经当了五年的皇帝，但和张居正这些熟悉政务的老江湖相比，自然要弱得多。

他没有在第一时间明白张居正的用意，心头唯一的想法就是不能让张先生回去守孝，不然大明就没人帮自己管理了。这么一想，又提笔给张居正下了一道圣旨："卿笃孝至情，朕非不感动，但念朕昔当十龄，皇考见背，丁宁以朕属卿，卿尽心辅导……朕冲年垂拱仰成，顷刻离卿不得，安能远待三年？且卿身系社稷安危，又岂金革之事可比？其强抑哀情，勉遵前旨，以副我皇考委托之重，勿得固辞。"①

为了留住张先生，万历皇帝甚至不惜拉出了自己已经死去五年的老爹来。如此一来，纵然张居正不愿意，也说不过去了。而这个结果，很明显是张居正想要的，但戏要做全套，他还是连续几天上了回家丁忧的奏章。

事情到了这一步，可以说都按照张居正的意思在走。只不过张居正没有想到的是，当这一切尘埃落定时，引发的反

---

① 《张文忠公全集·奏疏六·乞恩守制疏》。

弹会这么大。

张居正夺情的消息一出，立即遭到了翰林编修吴中行、赵用贤等一大批人上疏反对，他们纷纷上奏疏对张居正加以痛责，吴中行上书《因变陈言明大义以植纲常疏》，认为张居正父子，异地分居，不能相见已十九年了。一旦抛弃于数千里之外，陛下不让匍匐奔丧，伏枢恸哭，必让他违背心愿，抑制哀情，节哀茹痛于庙堂之上，而让他制定实施宏大的谋划，调和阴阳执掌政柄，这难道是人之常情吗？虽然说"夺情"之事有前例可循，但也从未有一日不出国门而马上视事的，这将把祖宗的法制置于何地呢！事关万古纲常，四方视听，减损变化之道，没有比这更重要的了。所以，"夺情"既不近人伦情理，也不合义理法度。

仅过了一天，隆庆五年进士翰林院检讨赵用贤再上疏，请令张居正奔丧归葬，事毕回朝。接着刑部员外郎艾穆、主事沈思孝又联名上疏，奏请令张居正回籍守耕。事情出乎张居正的意料，他没想到反对他"夺情"的，不是别人，正是他的门生和同乡！但张居正很清楚，他的"夺情"固然有自己的想法，但从始至终都是经过皇帝同意的。

吴中行、赵用贤越是努力痛骂张居正，万历就越生气。随着反对"夺情"人数的增加，万历终于龙颜大怒。他觉得吴中行四人的矛头不只是对着"夺情"问题，也是对自己权威的藐视！他决定效法列祖列宗，对直言犯谏的建言大臣使出撒手锏，即对此四人执行了本朝最高的刑罚——"廷杖"处之。事情似乎已经一目了然，任凭谁都知道，张首辅走不了。

但王锡爵是个例外，这个翰林院中最有前途的人才，不顾首辅的威严，邀请同馆十多人来到张居正的面前说事实摆道理，要求张居正放人免杖。

二

身为大明最高权威首辅的张居正知道，事情已经到了这步，再退已是不可能了。换句话说他已经彻底得罪了翰林院这帮读书人。既如此，自己就没必要这个时候去充当什么好人了，不仅拉低了自己的身份，也讨不到任何好处。

所以对于王锡爵的要求，张居正没有理会。

要说，事情到了这一步，该做的已经做了，聪明人都知道适时收手才是王道。然而，王锡爵是个例外，他虽读圣贤书，知晓明哲保身的道理。但他似乎更喜欢以天下为己任、敢为天下先。见张居正不理会请求，他独自去了张居正家，严厉斥责张居正贪权不孝，弄得张居正差点用挥刀自杀来表明自己的心意。从这一点看，王锡爵绝对是一个狠人，事实上他的确是。

当吴中行等人遭到廷杖毒打后，许多人都吓得不敢再多事，纷纷回避。而王锡爵竟亲自扶起吴中行号啕大哭，全然不理会万历和张居正的权威。第二年，张居正回家安葬自己的父亲，张居正前脚刚走，已经看到风向标的其他大臣便纷纷上书万历皇帝，要求皇帝召还张居正。当时上奏的奏章都需要署名的，其他大臣纷纷写上了自己的大名，生怕张居正回来找自己的麻烦。

诸多人物当中，王锡爵"独不署名"。这一举动很拉风，也很有姿态，但需要付出一定的代价。张居正的眼界是开阔的，能力是出众的，甚至才干是绝顶，但心胸未必是不记仇的，有人如此公开和自己唱反调，不给他穿一下小鞋实在说不过去。

所以，在张居正做首辅的后五年里，王锡爵没有任何作为，一直待在家里。到万历十一年（1583年）——此时的张居正已被万历皇帝籍家，反对张居正的同僚开始纷纷落井下石。为了彰显自己和张老师的不同，万历将曾经反对过张居正的人都召了回来，其中就包括在家闲居六年之久的王锡爵。

和其他朝臣以诋毁张居正为自己捞取名利做法不同，王锡爵在张居正这个问题上发表了自己的看法。他认为张居正这个人虽然人品不怎样，但在内阁十年是干了许多大事的，政绩斐然，不应该都被否决，他认为"江陵（张居正）相业亦可观，宜少护以存国体"。①

这个意见为他赢得了万历皇帝的好感，这个年轻的皇帝，从人堆里识别出这位已经年纪不小的大臣是一位能干大事的人，于是六年没有任何重大提升的王锡爵迎来了人生的一次大升迁。

万历十二年（1584年）十二月，王锡爵在家中被拜为礼部尚书兼文渊阁大学士，参与机务。当时的内阁连王锡爵一共有五人，分别是首辅申时行，次辅余有丁、许国和王家屏。在这四人中，许国是歙县（今属安徽）人，嘉靖四十四年（1565年）第三甲第一百零八名进士；王家屏乃大同山阴（今山西朔州山阴县）人，隆庆二年（1568年）第二甲第二名进士；余有丁是浙江鄞县（今属宁波市）高桥镇岐山村人，嘉靖四十一年（1562年）进士第三名（探花）。

---

① 《王文肃公集》。

由此可见，五人之中，申时行、许国、王锡爵的里籍都属南直隶，算是同乡，因此三人关系十分密切。顺便提一句，在明朝两百多年来，一甲同为内阁，只有嘉靖四十一年一科而已。

三人当中，只有申时行是张居正推荐入阁的。而王锡爵是御史李植等力荐入阁的，所以从关系上看御史李植对王锡爵多少有些情谊在。恰逢李植与首辅申时行闹了点矛盾，且这矛盾难以调和，于是御史李植仗着对王锡爵有推荐之功，想要力推王锡爵任首辅，挤掉申时行。毫无疑问，这是一个关键的所在，稍有不慎，就是万劫不复。

极少有人能在这个节骨眼上守住初心。但王锡爵做到了，他非但没有与李植呼应，也不因与张居正有宿怨而自我标榜。去了内阁后，他主动与首辅申时行配合，继而又上书剔除李植等人，最终将喜欢玩内斗的李植等人全部赶出了朝廷。

可以说，申时行在九年的文渊阁首辅生涯里能稳稳当当，王锡爵起到的作用不小，因为他足够清醒。

这份清醒一直延续到万历三十八年（1610 年）。

时间之长，可以载入史册！

三

较之申时行在细枝末节上表现得十分沉稳与睿智，王锡爵在大事上总能保持清醒和自己的独特，但其缺点是得理不饶人。

万历十六年（1588年），顺天府乡试。主持这次乡试的是湖广按察司副使黄㟧的庶子黄洪宪。更有趣的是，王锡爵的儿子王衡、申时行的女婿李鸿都参加了考试。抛开其他来说，这几个人既有良好的家教，也都是有读书天赋之人，加上善于考试，因此结果不言而喻。结果，王锡爵的儿子王衡考取了举人第一名。可是，申时行的女婿李鸿也中了举人。这个结果太过显眼，立即引起舆论哗然，很多人都对这份结果的公正性表示了怀疑，其中包括礼部郎中高桂。经过协商，礼部郎中高桂便摘出录取的举人中觉得可疑的八人，要求复试。

八人当中，除了王锡爵的儿子因为老爹的缘故列为重点保护对象外，还有一个叫屠大壮的人——光是这个名字就不像读书人，文章水平也确实太差。礼部侍郎于慎行主张取消他的资格，但都御史吴时来不同意。高桂力争，最后才按于慎行的意思将录取的举人名单呈上。申时行、王锡爵看后，假托皇命将屠大壮留了下来，并夺了高桂的俸禄。

其实问题的实质在于高桂对王锡爵之子中第一名举人表示怀疑，而且他的怀疑并非空穴来风。张居正当首辅的时候，他的二子张敬修与张懋修相继高中进士，高桂就怀疑，而王锡爵的儿子、申时行的女婿的名次和张居正时一样，都是一些讨好之人给开了后门。按说这份怀疑十分正常，但问题是王锡爵的儿子才华远超张居正的两个儿子！其子在王锡爵卸任后，即万历二十九年（1601 年）再次参加会试，获得第二，廷试也是第二——足以说明他的才华经得起检验。但王锡爵的个性比较刚烈，对于有人质疑他的人品和儿子才学的问题都要回怼回去。于是他亲自上阵，将目光对准了高桂，开启了攻击模式。毫无疑问王锡爵的文采是足够的，再加上犀利的言辞和底气，自然将高桂驳斥得体无完肤。

双方你来我往，最终将问题丢给了万历皇帝。为了公平起见，万历皇帝决定在午门外复试所劾举人。结果王衡仍然取得第一名，而所劾举人也无一人黜落，人人都叹服。然而，王锡爵觉得这事儿是对自己人格和儿子才学的侮辱，便不允许王衡参加礼部会试。直到他卸任多年后，王衡才重新参加了科举。

我们不能说，在这件事上礼部郎中高桂、刑部主事饶伸的怀疑是错误的。但不否认，在这件事上王锡爵多少有点得理不饶人。因此，当时的御史乔璧星有些看不过眼，拐弯抹角地请万历皇帝稍微告诫一下王锡爵，作为内阁大臣，多少要有点胸怀，做一个"休休有容"的大臣才是最好的选择。对这个劝慰，王锡爵不以为然，还亲自上书为自己辩白。

这一波操作，虽说以王锡爵全面胜利告终，但也给他的名望带来一定的负面影响。唯独这个当局人并不知晓而已。

如果说张居正的万历十年（1582 年）是创造了万历新政，让万历一朝的行政效率焕然一新；那么申时行的九年文渊阁生涯，就是将大明从张居正的问题上拉了回来，让明朝重新走上了既定的轨道；而王锡爵的二十余年的内阁大臣生涯，则是缓和了国本之争的矛盾，避免了明朝彻底沦陷在国本之争中无法自拔。

老好人申时行走了之后，已经越来越厌倦和群臣玩心思的万历皇帝需要一个和自己一条心，且能力上还不输申时行的大臣来帮自己，思来想去，唯有王锡爵符合这个条件。于是在万历二十一年正月，万历皇帝下诏召王锡爵（此时王锡爵已经闲居在家两年了）入阁，并令他做了内阁首辅。

对局面十分清楚的王锡爵知道，万历皇帝这个时候找他来做首辅，一方面是他的能力突出，另一方面是来替万历分担国本之争的压力。

先前迫于群臣的压力，万历已经答应举行册立太子典礼，但到时能不能兑现这个承诺，王锡爵心头没有多大把握。万一弄不好，自己就很容易成为众矢之的。要避免这一点，唯一的解决之法就是先下手为强。为此，他刚到内阁就给万历皇帝上了一道密奏，在密奏里他恳请万历皇帝实现自己的诺言，而且不能再继续往后拖，否则他这个内阁首辅根本没有脸面对群臣舆论。

对于这一点，万历皇帝心里也清楚，在收到王锡爵的密奏后，给他回了一封密信，亮明了自己的态度。鉴于申时行密信泄露的教训，万历皇帝特意派内侍将他的手谕送到王锡爵家中，信里所说所想，只有一个字——拖。

"今天朕读了你的密折，足见你忠君爱国之诚心。朕虽然去年下过一道谕旨，允准今年春天举行册立太子大典。但朕又看到祖训中有一条规定：立嫡子而不立庶子。况且皇后现在还很年轻，假若以后再生育，那么是册立太子呢，还是分封为王呢？封王，必违背圣训；封太子，那不就是两个太子了吗？所以朕至今迟疑不决。既然你将密折奏上，朕现在决定暂时将三子一并封王。等几年后，皇后确实没有生育，再册立太子不迟。这个办法对上不违祖训，对下又于事体两便。你可拟一道谕旨送与朕。"①

可以说，万历皇帝从骨子里不喜欢自己的大儿子，若不是明朝的大臣都有一股持之以恒的劲儿，后来的明光宗是不可能登基的。

按照万历皇帝的意思，三位皇子（朱常洛、朱常洵以及由端妃周氏所生的皇五子朱常浩）并封为王，数年后，如果皇后仍未生育，再行册立。

明眼人一看就知道皇帝在公开耍无赖。王锡爵也没想到万历身为大明皇帝，竟会耍无赖，一时也不知道如何是好。一方面他需要应付情绪已经激化到顶点的群臣，另一方面还要与刚愎自用且聪明狡猾的万历皇帝周旋，两边都是自己不能得罪的。首辅申时行、王家屏就是前车之鉴，自己该何去何从，已是一个天大的难题。

如果能处理好这个天大的难题，无疑是他身为首辅的最大功勋。从后来的结果看，王锡爵在这个问题上是担得起"余晖"这个评价的。

---

① 《明神宗实录·卷二百五十六》万历二十一年正月二十六。

一个让他进退两难的境地，愣是被他从中走出了一条还算过得去的小道。

他一方面按照万历皇帝的意思拟定了一份谕旨，传达的是皇帝的意思；另一方面为了缓和群臣的公论，他另拟写了一份谕旨。在第二份谕旨中，他亮明了自己的态度，大意是汉明帝的马皇后、宋真宗的刘皇后、唐玄宗的王皇后，都是将妃子所生之子作为自己的儿子来抚养。请陛下令皇后抚育皇长子。这样一来，长子就成了嫡子，而长子的生母不必晋封号以压皇贵妃。

两份谕旨拟好后，王锡爵一并奏上，请求圣裁。换句话说，王锡爵重新将这个难题丢还给了万历皇帝。

如何取舍，都是万历皇帝拿主意。结果如何，与自己无关。

如此一来，他既避免了和万历皇帝正面冲突，也避免了自己成为群臣攻击的对象。我们可以说，在这个问题上，王锡爵比申时行要聪明太多，任何时候，陪皇帝唱双簧，吃亏的只可能是自己。

唯有"事了拂衣去，深藏身与名"，才是最好的结果。

四

但王锡爵还是忽略了一点，那就是在拟这两份谕旨时是单独行动的，既没有通知群臣，也没有让内阁其他成员知晓。当结果出来时，一直盼望册立太子的群臣却忽然收到三王并立的消息。无论这个结果多么顺应天意，始终差些意思，心头有火的群臣，不敢将这股怒火撒在万历皇帝的身上，只能对首辅王锡爵骂几句。宣泄！宣泄还是可以的。

结果，一心避免成为众矢之的的王锡爵，最终仍没有逃过命运的安排。

最先发难的是光禄丞朱维京，这位不怕死的江西吉安府万安县（今江西省吉安市万安县）人，直接将矛头对准了喜欢耍无赖的万历皇帝，批评了万历皇帝欲愚弄天下、以天下为儿戏。或许知道得罪皇帝的后果是什么，朱大人骂了几句不痛不痒的话后，又将话锋一转，对准了王锡爵。奏疏里朱大人对王锡爵破口大骂："陛下虽有三王并封之意，但还没有马上执行。必定先以手诏向王锡爵咨询。王锡爵纵然不能像李沆那样引烛焚诏，也应像李泌那样委曲叩请；如其不然，就应像王家屏那样自乞罢职、自由自在，同时又受到皇上的优待，也不会有韩瑗、来济那样的耻辱。怎么噤无一语，如同一个胥吏奉行主子的命令，还唯恐落后呢？李、杨素都是千古罪人，两人心中难道不知道有公论？只是自己患得患失之心太重，才不能自持了。"[1]

这一番辱骂直指问题关键，成功引起了群臣的关注，万历皇帝搞的所谓"三王并立"方案，尚未来得及付诸行动，就被扼杀在摇篮之中了。这个结果自然不是万历皇帝想要的。愤怒之余，万历便拿朱维京开刀，以儆效尤，于是朱维京被革职为民，发往边疆充军。

要说，事情到了这个份儿上，最好的办法是不闻不问，而非火上浇油。但万历皇帝似乎很喜欢干火上浇油的事。他心里清楚，在"三王并立"的这件事上，王锡爵替自己背了不小的黑锅，自己身为皇帝多少有些不够意思。于是他给内阁下了一道圣谕，在谕旨中，万历将这件事的来龙去脉仔细讲了一遍："前日首辅反复劝朕早行册立大典，这本来是朕去年的意思，有什么可疑的！但朕恐怕违背了祖训，日后事情难办，所以欲将三子并封为王。随后，首辅又引前代之例，欲令皇长子先拜嫡母，随后册立为太子。朕嘉许其苦

---

[1]《明神宗实录·卷二百五十六》万历二十一年正月二十七。

心，但又想此举以假乱真，不是光明正大之道。今外臣一再争论，是不了解朕的本意。真是可恨！朕为天下之主，无端受到诬陷，卿等怎么会忍心见到这种情况呢？"

应该说，万历皇帝的心意是有了，只是群臣早已对这件事十分敏感，所以起到的效果微乎其微，万历想将王锡爵从困境中解脱出来的愿望，也没有实现。

岳元声、顾允成、张纳陛、陈泰来等，则将王锡爵堵在朝房中，指着鼻子与他争论。庶吉士李腾芳更是当面交给王锡爵一封信，将王锡爵里里外外、前前后后都分析了个遍，最后得出了他是一个罪人的结论。据说，王锡爵读完这封信后，羞愧难当，差点没有一头撞死在文渊阁。

除此之外，王锡爵的学生门人钱允元、王就学也到他的家中规劝老师不要成为千古罪人。

可以说，万历皇帝的一番神操作，让一直小心翼翼走羊肠小道的王锡爵彻底失去了最后的退路。为了挽回影响，他只能迫使万历皇帝收回成命。

万历皇帝拿到奏折阅后，对群臣彻底失望。万历皇帝遂干脆不予理睬，弄得王锡爵连最后的退路都没了。不得已，王锡爵只好走上了申时行的老路——请求辞职。

这个举动多少有些效果，万历皇帝终于收回成命，并且万历表示再等两三年，若皇后还未生育，再举行册立东宫大典。事情到了这儿，才勉强有点回旋的余地，此后经过王锡爵不懈的努力，到万历二十二年万历皇帝终于下诏，请皇长子（朱常洛）出阁读书。礼节依太子出阁的旧制，举朝上下才算对王锡爵有了点赞扬之声。

五

只不过这声音来得太迟了，已经战战兢兢的王锡爵早已被另外一件事给淹没了，是万历二十一年进行的一次京察。按照规矩，凡是四品以上官员自陈政绩，由皇帝裁决；五品以下官员由主管京察的官吏决定致仕、降调、闲住为民。由于京察能决定一个官员的仕途命运，所以大明上下都很重视。这一年的京察，考功郎中赵南星因秉公罢黜了一些不合格的官员，其中有大学士赵志皋的弟弟，也有王锡爵的旧属。这个结果显然双方都不满意，所以内阁和其他部臣的关系弄得很僵。作为中间协调的万历皇帝，直接下旨将考功郎中赵南星先是降三级，调外任用，后又革职为民。连一大批为他上章呼冤的大臣也都受到贬谪。愤怒的群臣很自然地把这些都算在首辅王锡爵的身上，认为是他一手操纵的，因此对他十分愤恨。焦头烂额的王锡爵只好提交了辞职报告。

起初万历皇帝并不批这份辞职报告，但王锡爵已经心灰意冷，连续上了八次最后获得了批准。至此，王锡爵的首辅生涯彻底结束。

一直到七年后，即万历二十九年（1601 年）十月十五日，皇长子朱常洛终于被册封为太子。万历皇帝想起王锡爵的多年努力，特意派人将这一重大消息告诉了他："册立朕志久定，但因激阻，故从延缓。知卿忠言至计，尚郁于怀，今已册立、冠婚并举，念卿家居，系心良切，特谕知之。"

从这点上看，当年王锡爵的一番努力，并非一无所获，只不过这点夕阳的余晖终究是来得太迟了些。

丘樽

风物长宜放眼量

一

严格意义上来说，刑部左侍郎丘橓不是坏人，而且史书对他的评价也颇高："强直好搏击。"[1]

这是一个很好的评价，在史书中能留下只言片语者都才华过人。但读万历十年（1582年）至万历二十年这段历史，无论史书将他写得有多好，丘橓的所作所为让后人难以从心底接受他，主要原因是在万历十二年他奉命查抄张居正家这件事上。

丘橓一生最大的成就有两件。

其一是弹劾首辅严嵩。根据史料记载，嘉靖三十四年（1555年）六月，一股由五十三人组成的倭寇从浙江上虞

---

[1]《明史·卷二百二十六·列传第一百十四·丘橓传》。

登陆。按说这五十三人在偌大的浙江实在不够看，结果却出乎世人的意料，这些人愣是横行江苏苏州、浙江、安徽一带，劫掠二十余县，杀死杀伤官兵四五千人。后来甚至胆大到进犯当时的大明留都南京城。

如此不可思议的事情，偏偏发生了！南京兵部尚书张时彻不想着如何守住南京城，将这拨胡作非为的倭寇消灭于城下，而是在第一时间闭城不出，任由这股倭寇烧杀抢掠了三天。面对这种情况，当时的户科右给事中丘橓站了出来，他弹劾了张时彻，于是张时彻被罢免了官职。

这只是丘橓的一次小试身手，真正让他开始小有名气的是首辅严嵩。作为一个户科给事中，他有上奏的权力，面对首辅严嵩与其党羽营私舞弊、贪赃枉法等事实，他曾上奏嘉靖皇帝："权臣不宜独任，朝纲不宜久弛。"[1] 他的上奏不光揭露严嵩的种种不法行为，还颇有建设性地给一直不理会朝政的嘉靖皇帝总结了六大弊端，即"谄卑、奢靡、请托、躁竞、干谒、贿赂"。他的措辞十分急切，赢得了皇帝好感，也为他赢得了清官之名。

作为清官，丘橓是合格的。他能做到不贪，又能够做到

---

① 《明史·卷二百二十六·列传第一百十四·丘橓传》。

恪守本心。他曾在书案旁悬挂亲笔手书的座右铭一幅以自勉自警，其辞曰："补天浴日保社稷，尽心勠力求民安。"但这并不表示他没有缺点，相比他的恪守本心这个优点，他独特的缺点反而更能让人记住。这个缺点在万历十二年张居正被抄家一案上发挥到了极致。然而，后人没有留意到的这个缺点，其实在嘉靖四十一年（1562 年）就已经暴露。

当时，丘橓在赢得了清官的美名后，朝廷派他到地方去检查。恰逢时任湖广巡抚的方廉私下给丘橓赠送五两银子，作为他巡视期间的生活费。

五两多吗？自然不多。按照明朝的购买力，大概值八石粮食。而且这并不是方廉的独创，而是当时朝廷官员到地方上巡查所形成的普遍做法，算是朝臣之间的人情往来。这点银子搁在朱元璋时代都不会有人说什么，更不用说在嘉靖一朝了。但事情到了丘橓这里发生了点意外，丘橓非但拒收这五两银子，还因为这五两银子将"方廉行贿"之事上报了嘉靖皇帝。

收到这份奏疏的嘉靖皇帝并没有将这件事当一件大事来看。在他看来，五两银子实在构不成"行贿"的罪名，而且如果自己因为这五两银子将一个地方官员给罢免了，那就显得太不近人情了，所以嘉靖没有任何表示。

见皇帝没有表示，丘橓坐不住了，他一再上疏要求罢免方廉，甚至当着文武百官的面慷慨陈词，弄得嘉靖皇帝下不来台。看得出，嘉靖皇帝一早就看出了身为言官这种清流，往往是不近人情的。他们常常嘴上说一套背后做一套，事情一旦被他们划入了道德范围之内，纵使丢掉性命也是在所不惜的。

二

知道这一点的嘉靖，也由于实在厌倦了丘橓这种不近人情的个性，因此随便找了一个借口，将丘橓送回老家。对此，丘橓倒也没觉得有什么不妥，接到旨意后他带着几箱子书，便回到了老家。

据说，回家的丘橓一直赋闲在家，最后弄得连税都缴不起，只能一直拖欠着。如此看，这点他和另一个清官海瑞有些相通的地方。

当时也有人将他和另一个清官海瑞并称"南海（海瑞）北丘（丘橓）"，但丘大人与海瑞还是有些不同的，其中最大的不同在于反对官场的人情往来上。如海瑞曾公开贴告示说"今日做了朝廷官，便与家居之私不同"，然后把别人送的礼品一一退还，甚至连老朋友贺邦泰、舒大猷远道送来的礼也不例外；至于公家的便宜，更是一分也不占。海瑞临终前，兵部送来的柴金多算了七钱银子，他也要算清了退回去。我们可以说海瑞的个性是执拗的，但并不表示他不通情理。事实上，人情往来上海瑞是通透的，在他内心深处占据的位置并不大，他的心思更多是放在实现自己的理想和抱负上；而丘橓的抱负和理想在名声这个前提下，终究是显得小气了些。

这一点，在万历十二年（1584 年）张居正这个案子上就彻底展现了出来。

张居正与丘橓之间的矛盾并不复杂，大致的情况是万历继承大统后，张居正做了首辅，一心想复出的丘橓借同僚之笔向张居正举荐了自己。关于张居正为何不用丘橓，明代朱国祯所撰的笔记《涌幢小品》记载："（丘橓）方在告时，有荐之江陵者。江陵曰：'此君怪行，非经德也。终不肯起。"意思是丘橓性格古怪，不是真正有德行的人。

张居正作为一个首辅、一个改革者，眼光独到。他自然知道真正对大局有用的人，品行未必符合孔孟之道。这点从他用戚继光、李成梁、潘季驯、申时行、张四维、谭纶就可以看得出，上面的这些人才能绝对是数一数二的，且在各自的领域或多或少做出了成绩，但品行上未必是最出色的。张居正似乎比谁都更明白，这个朝廷需要什么，将什么人放在什么位置上，发挥什么样的才能；至于那些道德一流，却不知变通的人，能拒绝就拒绝。

这个事情同样也发生在海瑞身上，隆庆六年（1572年），前首辅高拱倒台后，张居正顺利成为大明首辅。一直闲居在家的海瑞便给张居正写了一封信，他委婉地表达了自己想要为国效力的愿望，但张居正拒绝了。

他给海瑞回了一封信，信中写道："三尺法不行于吴久矣。公骤而矫以绳墨，宜其不能堪也。讹言沸腾，听者惶惑。仆谬忝钧轴，得与参庙堂之末议，而不能为朝廷奖奉法之臣，摧浮淫之议，有深愧焉。"这封信里，张居正以委婉的语句表达了自己拒绝的意思，即自己只是不小心占了国家要职，只是有分儿在朝廷上说两句话，但不能替朝廷给您发金牌，赶走那些苍蝇似的议论，深感愧疚啊！张居正认为海瑞可以做道德的标杆，却不适合出来做事，所以拒绝施以援手，使海瑞赋闲在家前后达十五年之久，一直要到万历十三年（1585年），张居正去世三年后，海瑞才被重新起用为南京右佥都御史，此时的他已经七十二岁了。

同样是被张居正拒绝过的人，最终却是截然不同的结果。海瑞刚直，甚至有些偏执，但他并非无理取闹不思进取之人。他敢骂嘉靖，并不是为了博得那一点正直之名，而是他从心里认为嘉靖做错了，当最终的结果呈现出来，是对是错，海瑞都有自己的判断。

这个标准放在张居正身上也一样。张居正死后，其改革政策成了众多官员弹劾攻击的对象。这些人里，有御史羊可立、御史丁此吕、废辽王次妃王氏以及早年的王锡爵、邹元标，但恰恰没有海瑞。我们可以说，这是海瑞公而忘私、国而忘家，但我们不应该忘记，在张居正遭受攻击的时候，海瑞依旧认为张居正功不可没，并且给出了最精准的评价："工于谋国，拙于谋身。"

我之所以不厌其烦地说明这段史实，目的自然不是诉说张居正的冤屈，而是以历史的角度来看尘封多年的那段历史，再回过头来通过海瑞看丘橓。同样是清官，丘橓对张居正的家人如此大费周章，不近人情，以至于张家人惨遭非人待遇时，丘橓依旧不为所动。与清官海瑞相比，丘橓的格局到底差在哪儿呢？

下面这个事情或许能给出答案。

万历十年（1582年），万历对张居正的清算为丘橓提供了新的机会。万历十一年八月，赋闲在家的丘橓被万历起用为通政司右通政（正四品，受理内外章疏和臣民密封申诉之件）。仅仅过了两个月，万历又升丘橓为都察院左副都御史；次年，升为刑部右侍郎。至此，丘橓开始了人生的第二件大事，也是最为重要的一件大事——查抄张居正的家。

三

借已废辽王的案子查抄张居正府，是万历人生中最大的一件事。这标志着万历在继追夺张居正各种诰命荣誉之后的最后清算，而对张居正带着浓浓恨意的丘橓顺理成章地成为这次查抄的主导者。

出发前，丘橓的老乡于慎行知晓丘橓和张居正的那点恩怨，也知道万历这次任命丘橓的深意。出于不忍心看到张居正的家人遭此惨祸，特意给丘橓写了一封信。信里说："居正母老，诸子覆巢之下，颠沛可伤，宜推明主帷盖恩，全大臣簪履之谊。"即劝他不要欺负张家孤儿寡母，但丘橓明显置若罔闻。

于慎行自然不知道，等这一刻，丘橓已经足足等了十几年。如今身份既换，而机会又送到面前，自然不会就此轻易放过，所以他近乎冷血地执行了万历的意思。

为了防止张家人将财产转移，丘大人在出发前，特意先派人通知了荆州的地方官员，将张家人员一一记录在册，一个也不能遗漏。

有了这个命令，荆州官员自然不敢怠慢，他们把张居正的家人赶到旧宅里，将门封住，禁止出入。等到张诚、丘橓一行人赶来打开大门进行抄家时，里面老弱病残已经饿死了十几口，甚至于死人骸骨也被饿狗食尽，堪称惨烈。

按照丘大人的意思，这次抄家的数额应该很大，但现实并非如此。综合来看，张居正遗留下来的结果只有黄金两千四百二十六两，白银十余万两。这个数字虽也过得去，但与丘大人内心的目标相差太远。于是丘橓决定，对张居正的几个儿子用刑。

此时正值酷暑，丘橓把张居正的儿子放在烈日下暴晒，然后命人严刑拷打，张居正的第三个儿子忍受不住拷打，谎称有大约三十万两银转移到了曾省吾、王篆、傅作舟等家。

大儿子张敬修（原礼部主事）实在熬不过，上吊身亡，临死时写绝命书一封，记录了这次抄家的惨状，抄录如下：……丘侍郎、任抚按，活阎王！你也有父母妻子之念，奉天命而来，如得其情，则哀矜勿喜可也，何忍陷人如此酷烈！三尺童子亦皆知而怜之，今不得已，以死明心。呜呼，炯矣黄炉之火，黯如黑水之津，朝露溘然，生平已矣，宁不悲哉！有便，告知山西蒲州相公张凤盘，今张家事已完结矣，愿他辅佐圣明天子于亿万年也！①

而在张家其他人身上，丘橓也没有半分怜悯："其妇女自赵太夫人（张居正老母，年逾八十）而下，始出宅门时，监搜者至揣及亵衣脐腹以下，如金人靖康间搜宫掖事。"②

张敬修用他的自杀为张家的惨状，赢得了一次缓和的机会。他自杀的消息传至朝廷，朝堂一片哗然。老臣潘季驯上书劝谏万历："张居正的母亲年过八十，请求下诏以特别的恩惠宽恕她。"同时，他也认为治张居正的罪太急迫了，宣称张居正的家属死于此案的已达数十人。

首辅申时行也上疏万历求情，万历大概也觉得自己这次动静弄得太大了，特赐空房一间，给赵太夫人容身。然而，事情并没有就此完结。

四

在丘橓第一轮抄家结束后，丘橓认为张家绝对不止这点

---

① 《张敬修绝命书》。
② ［明］沈德符：《万历野获编》。

钱财，肯定是一早就听到了风声，将财产转移到其他地方
了。于是对张家进行了第二次追赃。

这次，作为张居正曾经的追随者，王篆、曾省吾、傅作
舟等人都遭到了牵连。在丘橓冷酷无情的抄家方式下，最终
又抄出了二十多万两白银。这个结果获得了万历的肯定。至
此，丘橓才带着一脸得意返回了朝廷，张家抄家一事才算是
彻底落下了帷幕。

鉴于丘橓这次的出色表现，万历迁丘橓为南京吏部尚
书。万历十三年（1585年）十二月丘橓去世，获赠太子太
保，谥号简肃。就结局而言，丘橓还是不错的。但身为朝廷
命官，却因一点儿私人恩怨，对张居正的家人采用近乎绝情
的方式逼迫，无论怎么看，格局上终究是差了点意思。

朱宪㸅

一个废王案的遗留

一

万历十年（1582 年）十二月，首辅张居正去世半年后，陕西道御史杨四知弹劾张居正十四罪的五天后，一个叫孙玮[①]的兵科给事中向朝廷提出了一件尘封已久的案子——废辽案。

准确地说，这个案子与张居正的关联不大，但架不住孙玮找到的突破点"好"。他宣称原福建巡抚劳堪[②]为了讨好张居正，在隆庆年间将秉公调查"辽王案"的刑部侍郎洪朝选给秘密逼死了。毫无疑问，这只是孙玮释放出的信号。信不信，全在万历皇帝一人身上。

这是一个老案子，早在万历六年，就有人提出来过。一

---

① 字纯玉，一字以贞，号蓝石，陕西渭南人。

② 江西德化县（今九江市）人。嘉靖三十五年（1556 年）进士。

个叫刘台的刑部主事在弹劾张居正的时候，提起过这个案子，只不过当时张居正威望正盛、圣眷正浓，即便刘台提起这个案子，也没有引起多大关注，事情就不了了之了。

时隔四年之后，孙玮重新翻出这个陈年旧案，意义自然不同。此时张居正已死，严格地说已经墙倒众人推了。虽然踩一脚、骂几句或许能引起不一样的效果，但这毕竟是一桩旧案子。

起先，万历大概是不想用这样一个尘封了四年的案子给自己的老师弄点罪名。所以看了几遍后，只是把劳堪罢官了事，并未追究张居正在其中扮演的角色。

但随后发生的事情显然出乎万历皇帝的意料。

二

他不想，并不表示下面的人不想利用这旧案子做文章。所以在两年后，即万历十二年（1584 年），当初那个被劳堪逼死的刑部左侍郎洪朝选的儿子洪竞上了一份奏疏，开始为自己的父亲申冤："臣父子于居正初无异也。及勘辽狱，父轻罪以全朝廷亲亲之恩，而居正始憾父矣。及父辞朝一疏，有权势主使之语，而居正益怒父矣。世仇刘梦龙，等乘其隙行间，父与邹进士、吴编修私通造作，言语激怒居正，居正杀父之意不可解矣。堪受居正之意，遂肆豺狼之毒。"

洪竟除了申冤，还揭发了劳堪害死其父的经过，然后说："父冤虽申，元凶未惩……臣区区之愚，惟愿与劳堪同死，不愿与劳堪同生。"①

这份奏疏写得很有感染力，立即引起不少官员的同情。随后，都察院副都御史丘橓也趁机给万历皇帝上了一道奏疏，要求对劳堪定罪。

万历拿到了这份奏疏，看了又看。天生聪明敏锐的他，似乎从中看出了点不一样的东西。因此他并没有急着给劳堪定罪，而是让人去查阅，看看洪朝选除了辽王案这件冤案外，还有没有其他连带的冤案。

按照万历皇帝的意思，事情到了这里就算结束了，所谓的废辽案就此了结。

事情基本上也确实按照万历皇帝的意思在走，但计划往往赶不上变化。就在这件事基本到此为止的时候，一个擅长无中生有的人跳了出来。

这个人叫史羊可。他颇有奇才，任云南道监察御史，嗅

_____

① ［明］钱一本：《万历邸钞》。

觉敏锐的他，立刻着手诬陷"已故大学士张居正隐占废辽府第田土，乞严行查勘"。

案子还是那个案子，但史羊可的聪明在于，他准确把握了万历皇帝内心深处的小九九——贪财。所以，他将攻击的目标从首辅张居正本身，转到吞没财产上。

这个角度的转变立马引起了万历皇帝的注意，于是他命令湖广抚按对这个问题进行核查。

上面的意思，立即引起了下面的骚动，对张居正恨了很多年、几乎被人遗忘的辽王家属也开始行动了。此时，原辽王朱宪㸅的生母、辽庄王次妃王氏向朝廷上了一本奏本，要求朝廷调查，并且指出张居正"谋陷亲王，强占钦赐祖寝，霸夺产业，势侵金宝"。奏本中恰到好处地强调了一件事实：辽王家财"金宝万计，悉入居正府"。

这就是问题的关键，什么谋陷亲王、强占钦赐祖寝根本不是事，事情的重点在于张居正吞没了辽王的财产。一听有这么多财产能查抄，万历心动了。

三

万历以最快的速度下了一道圣旨："张居正负朕恩眷，

蔑法恣情。至侵占王府坟地产业，岂可姑息？尔等大臣何乃辄行申救？"①意思是，张居正仗着自己是首辅，他都把大明亲王的坟墓给占了，你们这些官员都看不见吗？

发完圣旨后，万历马上派遣了司礼监太监张诚、刑部侍郎丘橓、左给事中杨廷相、锦衣卫都指挥曹应魁奉旨前去荆州，准备抄张居正家，并且明文规定要按照辽王妃的奏本，查出原王府所有的财产，一并上报。值得一提的是，这道圣旨一直到最后才提出废辽王的案子也要按实查明。

我们不得不佩服万历皇帝在经济学上的聪颖，他找的四个人都是能贯彻万历意图的狠角色，尤其是司礼监太监张诚、刑部侍郎丘橓（与张居正有仇）两人为了借这次事件彰显自己的能力，决计在荆州就算挖地三尺，也要替万历找出大量钱财来！为了防止张家人将财产转移，丘大人在出发前，先派人通知了荆州的地方官员，将张家人员一一记录在册，一个也不能遗漏了。

有了这个命令，荆州官员自然不敢怠慢。他们把张居正的家人赶到旧宅里，将门封住，禁止出入。等到张诚、丘橓一行人赶来打开大门进行抄家时，里面老弱病残已经饿死十

---

① 《明神宗实录·卷一百四十八》。

几口人。死人骸骨也被饿狗食尽，堪称惨烈。

按照丘大人的意思，这次抄家，纵然达不到冯保那个辉煌的数字——黄金白银百万余两，珍奇珠宝更是价值连城，但至少也八九不离十，抄了几日后，得到的结果却不尽如人意，张家抄出的金两千四百二十六两，银十余万两，金器皿六百一十七件，重三千七百余两；金首饰七百八十四件，重近一千两；银器皿九百八十六件，重五千二百四十两；银首饰三十一件，重一百一十七两；金累丝镶嵌玉犀角玳瑁玛瑙水晶象牙琥珀杯盘箸一百八十三件，双珠冠二顶，珠穿果盒一副，珠穿鉴妆一座，珠籍一条，各色蟒衣纻丝纱罗绫布三千五百余匹，各色男女衣服五百余件，玉带十条。

这个数额显然达不到丘大人的要求，堂堂首辅怎么会只有这么点钱？一定是藏在了别处。于是丘大人对张居正的儿子严刑拷打，再次逼问。大儿子张敬修（原礼部主事）实在熬不过，上吊身亡，临死时写绝命书一封，记录了这次抄家的惨状。消息传到了朝堂，万人震惊，刑部尚书潘季驯听闻这个消息，悲不自胜，不顾个人安危，亲自上奏疏给万历，请求万历善待张居正家眷，并委婉地告诉万历，张居正其罪过不应牵连如此广泛的亲属。吏部尚书杨威也表达了和潘季驯一样的看法。另外，此事也引起了首辅申时行的关注，他上疏万历说："窃见故臣张居正虽以苛刻擅专，自千典宪，然天威又赫，籍没其家，则国典正，众愤已泄。若其八旬老母衣食供给不周，子孙死亡相继，仰窥圣心必有恻然不忍者。"①

相比潘季驯的委婉，申时行的话就说得十分直白了，大意是皇上，张家家也抄了，怒气也出了，再不收手就有些说不过去了。

万历皇帝接受了这个说法，随后下诏，拨给张居正的母亲空宅一栋、田地十顷，以资赡养。如此看，事情似乎是要进入尾声了，事实并非如此，因为在这件事废辽案的外衣下对张居正进行清算时，还遗留了一个尾巴："复辽"还是不"复辽"。

不"复辽"难以向世人说明前首辅张居正罪大恶极，自己这一波操作也难以自圆其说；可"复辽"吧，这事儿已经过去多年了，万历本身就对这事儿没多大兴趣。所以，这件事一直拖到了万历十二年（1584 年）八月，万历才迫于舆论的压力，将"复辽"还是不"复辽"的问题提上议事日程，按照万历的意思："拟复辽爵，及重论居正之罪。"②

---

① 《明神宗实录·卷一百五十二》。
② 《明神宗实录·卷一百五十二》。

但这个问题遭到了首辅申时行的反对，申时行性子一向温和，在万历与群臣之间，可谓是万年老好人，即便是自己的前任遭受到了非人的待遇，他都选择了以万历为准，大事小事不作声。可是在"复辽"还是不"复辽"这个问题上表现出了极为敏锐的看法。

这也是申时行文渊阁九年生涯里为数不多的亮点之一，他告诉万历："居正罪状已著，法无可加。复爵一议，变皇考明罚饬法之典，开诸藩观望觊觎之端，修废第于民穷财尽之时，复废国于宗多禄少之日，举朝无一人以为宜者。即如勘事诸臣原疏，亦言居正所犯，自足丧家，辽庶所犯，自足倾国，两事原不相蒙。今既许归葬，又与花生子口粮，给伊母王氏养赡，恩已厚矣。复爵之议，臣等知其不可。"①

四

申时行毕竟是了解万历的——这个皇帝天资聪颖，却颇为爱财。因此，在这件事上，他没有做过多解释，而是给万历算了笔账。如果"复辽"，不是在张居正的罪名上多加几

---

① 《明神宗实录·卷一百五十二》。

条就完事了，而是要给恢复王位的辽王修建王府。不光如此，朝廷还要按月付辽王俸禄，以现在宗室生娃的速度，用不了几年，朝廷将会多出来几万人吃饭，这些可都是大把大把的银子！

这话说到了万历的心坎上，他沉吟许久，才点头同意了申时行的看法，说了句："内阁言是。"废辽案就此画上句号。

剩下的不过是一段小插曲，一心指望从这件陈年旧案中捞点好处的辽王妃王氏，到头来只得到了一道"王氏从厚，援徽府例赡食"的御批，就将她彻底打发了。这个并不聪明的女人永远不知道，自己不屈不挠，帮着万历掀起巨大波澜，只不过是别人手中利用的工具而已。而工具用完也就失去了本身价值，该丢多远就丢多远了。

邹元标

与时间和解

一

说起来，邹元标的政绩和文学，并没有史书所记载的那么突出，但如果我们将目光放远放大，重新回到万历元年到万历十年（1573—1582 年）的那段历史去看就会发现，很多在当时看来十分了不起的功勋和名望，其实并不足以支撑邹元标彪炳史册。

但问题的关键在于，邹元标成功了，他不光将自己的名字写进了史册，还让我们在阅读万历执政早期历史时，始终绕不过他的名字。

毫无疑问，他是一个奇迹。

据统计，万历元年在北京城的官员大概有两千人，全国各地官员加起来则有数万人。作为一个刚刚中了进士的读书人，能留在北京城已经是一件不容易的事情，更别说要立马站稳脚跟，做一个天下皆知的名人。这几乎不可能实现。

但邹元标的不可思议在于，他将不可能变成了可能。万历五年（1577年），年仅二十六岁的邹元标中了进士，入刑部做了一名观察政务。这是一个级别很低的从七品官员，二十六岁的邹元标想在短时间内获得认可，几乎是不可能的事。

但事情并无绝对，毕竟是在明朝。明朝的不同在于朱元璋建国之初，就从制度上赋予了言官广泛而重要的职权。如规谏皇帝、左右言路、弹劾百官、按察地方等，从朝廷到地方各级衙门、从皇帝到百官、从国家大事到社会生活，都在言官的监察和言事范围之内。而且，朱元璋还规定，不能杀给事中和御史。这两项规定，无形之间给低级官员，尤其是言官提供了生命保障，从而给了他们凡事都可以上奏的底气。换句话说，这也是朱元璋给了这些人以最快的速度、最好的方式获得职位上升迁的机会。

这一点从朱元璋本人的表现也可以看出。根据史书记载，在洪武初年，朱元璋让太监安排个女乐进内宫娱乐消遣一下。然而，这事儿刚好被巡视南京奉天门的御史周观政发现了，结果这位言官丝毫不顾朱元璋的脸面，立马喊停了太监。太监总管仗着自己领了朱元璋的口谕，并不惧怕周御史。他用尖锐的声音告诉周御史，自己有圣旨在身，但周观政不管不顾，双方就此闹得不可开交，最后事情自然而然地闹到了朱元璋的面前。

面对如此强硬的言官，朱元璋的表现堪称大度。他先派人表扬了周御史，然后又宣旨告诉周御史，自己再也不召女乐进内宫了。应该说，事情到了这儿就够了，言官的面子也有了，事情也圆满解决了。但朱元璋还是小看了周观政的态度，周观政觉得这件事自己作为言官有义务这么干，所以自己没错，错在皇上，皇上既然错了，那就得给自己道歉。

朱元璋对谁都有一股狠劲儿，唯独对言官态度不错。面对如此苛刻的要求，朱元璋并没有计较，亲自出宫安抚言官，并承认自己错了。

朱元璋尚且如此，后面的皇帝自然不必多说了。整个明朝的言官，几乎全部秉承了这股不畏强权的劲儿，在诸多的朝廷大事上都积极表达了自己的看法和意见。翻阅明朝历史会发现，这些言官似乎很喜欢把目光盯着皇帝和当时的首辅大臣。

二

如明朝的第十一位皇帝嘉靖，平日里就喜欢躲在深宫里斋醮青词，对于朝廷大事不太上心。御史杨爵痛心疾首，上书极谏，虽被下诏狱，备受酷刑，数次昏死，仍泰然处之。其他言官得知后即冒死声援，也付出了血的代价。再比如，嘉靖的孙子万历皇帝一日在宫里演戏嬉乐，忽闻巡城御史呵呼声，亟命止歌。为什么呢？他说："我畏御史。"

短短一句话，足以看出明朝言官的威慑力。

言官虽有不可避免地有遭受打击的风险，但获得的回报也十分丰厚。不少人因为规劝皇帝和首辅大臣，更是留下铮铮响名。可以看得出，言官的职位虽低，但在某种程度上，他们在批判皇帝和大臣的同时，能够用最短的时间和最低的成本获得巨大声望。

邹元标的声望是从张居正这位明朝最具才华、最具影响力的首辅开始的。从万历五年（1577 年）起，命运就把两人绑在了一起。此前，两人本没太多的交集：一个是文渊阁首辅、吏部尚书、中极殿大学士；一个只是刚刚中了进士走入官场的下级官员。而且中间还相差了二十六岁，但一件事打破了横在两人面前的壁垒。

这就是我们前面说过多次的张居正丁忧事件。最终，万历以"夺情"的方式解决了此事。

即便做得如此不着痕迹，事情还是出现了变故，张居正和万历皇帝自导自演的夺情，先是遭到了吏部尚书张瀚的反对。张瀚这位老臣认为首辅"夺情"必将使纲常扫地，因此大大不妥。

张瀚是在张居正破格提拔下才能出任吏部主官的，平日里办事也是听从内阁首辅的意思，一向被人认为是张居正的私人秘书。就是这样一个唯内阁是从的老臣，却压着万历皇帝"夺情"的诏书迟迟不办。不仅如此，他还在翰林院一干官员的怂恿下，带着他们到张居正的家里劝说张居正离职去服丁忧。

如此不明局面，结局自然不会太好。仅在这次劝告后不久，张瀚突然因他事被弹劾勒令去职，并罚俸三个月。

其实，除了吏部主官张瀚外，"夺情"一事，还遭到另外四人反对。这四人分别是：翰林院编修吴中行、翰林院检讨赵用贤、刑部主事艾穆、刑部主事沈思孝。他们上奏指责张居正"夺情"既不符合人情，也不符合朝廷法度，还是早点回去给老父亲守孝才是正解，这样你好我好大家都好。

三

最让人意想不到的是，这四个人都是张居正一手提拔起来的学生！这种身份背书，奏疏的分量可想而知，因此他们的弹劾立即引来朝廷热议。但他们忘记了一点，张居正在首辅之位已做了五年，此时万历皇帝也离不开张居正的辅佐，加上慈圣皇太后的信任和司礼监冯保的支持，权势方面早已铁板一块。

因此，四人最终的结果可想而知了，愤怒的万历皇帝把这四个人全部赐予"杖责"，并且发配流放边疆。随后还颁布了一道圣旨，告诉朝廷上下如果再有人议论张居正"夺情"一事，一律严惩。

圣旨一下，百官都消停了。他们看得出，这个时候找首辅麻烦，对自己没有丝毫好处，所以他们选择了默认首辅"夺情"一事。就在朝廷上下一片寂静无声之时，邹元标却走了出来。

这位年轻人，似乎很懂得为自己制造机会。此前，在翰林院编修吴中行、翰林院检讨赵用贤、刑部主事艾穆、刑部主事沈思孝等人被"杖责"的当天，他靠着哄骗中官（就是宫里的太监）说自己写的是请假条，他的奏疏才被送了进去。在奏疏里，他将矛头直指张居正："张居正论才干虽然有所作为，学术根基却非正途；志向虽然远大，却过于刚愎自用。他的一些政策措施不合情理，比如州县入学的人数，限定为十五六人。而有关官署迎合他的旨意，更加减少数量。这使选拔贤才的路子不广。各地判决囚犯，也有一定的数量，相关部门害怕受处分，数量上一定追求有所富余。这是刑罚实施得太无节制。大臣拿了俸禄苟且偷生，小臣害怕获罪保持沉默，有的人今天陈述意见，明天却遭到了谴责。这是上下言路没有通畅。黄河泛滥成灾，老百姓有的以荒草地为家，以喝水充饥，而有关部门却充耳不闻。"[1]

弄了一大段指责后，邹元标才抛出自己的撒手锏："某人在父母活着时不去照顾他们，父母死了不去奔丧，还自我吹嘘为非同寻常的人。而世道人心不是认为他丧尽天良，就认为他是猪狗禽兽，这能叫作非同寻常的人吗？"[2] 那么，皇帝允许张居正夺情，那岂不是与禽兽为伍。

这句话的杀伤力太大，等于是在骂张居正的同时，也顺带骂了万历皇帝。

这份直接且大胆的奏疏给邹元标带来了名望的同时，也带来了严重的惩罚。当天下午，邹元标被廷杖，遣戍都匀卫（在今贵州都匀市）。可能这份辱骂太过深刻，以至于万历皇帝内心久久难以平复，他在圣旨里对邹元标破口大骂，并

---

① 《明史·卷二百四十三·列传第一百三十一·邹元标传》。
② 《明史·卷二百四十三·列传第一百三十一·邹元标传》。

给邹元标留下了八个字的评语："狂躁可恶，重典不饶！"

邹元标当然不知道，自己这次上了奏疏，间接地影响了万历皇帝后期的处事方法。邹元标在万历五年对首辅张居正的痛骂，给万历皇帝留下了非常深刻的印象，以至于他长大后，仍固执地认为大臣冒死进谏并不是为了朝廷，而是为了自己。换句话说，就是为了给自己争取点好名声，最好是能留存史书。所以在国本之争过后，万历对大臣的进谏往往不予理睬，很多时候奏疏干脆就留中不发、拖而不决，任其自生自灭。即使再如何骂自己、如何上奏都懒得去理睬，以至于万历一朝，反而没啥人再被拖出去廷杖了。

这是后话，这里暂且不说，话题重新回到邹元标的身上。他除了遣戍都匀卫外，还被打断了一条腿，落下终身残疾。随后又在流放的途中巡抚御史受张居正的指使，要陷害于他。路过镇远在那里住宿，一个夜晚，御史突然暴毙。

靠着运气，邹元标活着抵达了贵州。

时间选择性地将他遗忘了六年，直到万历十年（1582年）内阁首辅张居正去世，二十岁的万历皇帝才开始了自己的亲政之路。

与此同时，曾经对张居正破口大骂的邹元标重新走进了万历皇帝的视野。他被征召回京城，授官吏科给事中。这个官职级别并不高，勉强算是个正七品的官，相较先前的刑部观察政务一职，在地位和权力上有着天壤之别。按照明朝规矩，给事中可以直接向皇帝上奏。但作为一个远离京城六年之久的言官，邹元标很清楚自己今日能回来，并非能力出众、名声在外，而是因为张居正去世了。

这位生前集各种荣誉于一身的首辅，死后仅仅半年，就出现了截然相反的局面，皇帝让他回来，不过是看在他曾经骂过张居正、反对过张居正的面上。然而，六年的流放生涯，不光远离了京城，还开阔了眼界，张居正当年所做的一切，似乎并非不可理喻。因此他对万历说，居正死后，才知道新政之艰辛，方知业绩之伟大！

万历愕然：何以见得？

邹元标哭着说："臣在贵州这两年亲眼所见一条鞭法之政绩。地方官僚豪强所有土地全部造册，按土地数量上交国库银子。而以前这些赋税皆转移到农民身上，造成农民流离失所、几欲造反……"

万历皇帝听了这些，内心深处不免有些动容。那个人人喊打喊骂的首辅，纵有万般不是，但于国家而言并没有亏欠。基于这点，万历在处理张居正以及其家人的口气上终究不免有些松动。

邹元标的转变，朝中不少人表示难以理解，因此有人问他为何如此。

邹元标一脸正色地回答："当年我弹劾张居正，是公愤而不是私怨。"

如此看来，六年的贵州贬官生涯似乎改变了他的火气。但事实并非如此，很快他的同僚发现，邹元标还是六年前的那个邹元标，唯一变化的是他对张居正的态度，仅此而已。

没多久，慈宁宫遭火灾，邹元标给万历皇帝上了一份奏疏，奏疏里他的语气一如既往的犀利，简单明了。他在奏疏里说："臣先前进献无欲望的教诲，陛下尝试自我检查，是真没有欲望呢，还是节制了欲望？俗话说：'要想人不知，除非己莫为。'陛下的确应该尽快彻底地自我检查，着意节制自己的欲望。"①

这个时候的万历皇帝已经壮年。早已没了张居正、冯保的约束，就连他的母亲李太后也放松了对他管教，于是开始沉迷于声色巡游、宴席。邹元标借慈宁宫火灾指责于他，难免让万历难以接受。固执的万历认为，声色巡游是皇帝的私生活，邹元标干预得太多。再加上万历五年时邹元标给他留

---

① 《明史·卷二百四十三·列传第一百三十一·邹元标传》。

下的深刻印象，加深了万历对邹元标的厌恶。

在各种情绪的加持下，万历终于忍受不住了。另外，邹元标虽然是首辅申时行的门生，却弹劾罢免了申时行的姻亲徐学谟，令申时行也心怀不满，于是万历降旨把他贬职为南京刑部照磨（正八品，掌管磨勘和审计工作）。

四

不久，文选员外郎空缺，尚书宋纁请求重新任用邹元标。这一请求送到宫里许久都不曾有消息传出来。宋纁只好接连上疏催促。给事中杨文焕、御史何选也帮着说话，惹得万历皇帝勃然大怒，不仅斥责宋纁，还将杨文焕、何选贬到外地，邹元标则被调往南京。刑部尚书石星为他辩解，也遭到万历的责备。

大概是看清楚了万历对自己的态度，邹元标回到家乡吉水，这次返回的时间有点长，从万历十八年（1590 年）至万历四十八年的三十年里，北京城再没有邹元标的一席之地。显然，万历皇帝已彻底厌倦了邹元标。

一直到天启元年（1621 年）四月，邹元标才重返朝廷。此时万历已经去世，留下的江山更是千疮百孔。出于某种使命感，又或许是时间给了邹元标新的认知、新的思考、新的体会，他想起了已经去世多年的张居正，想起了万历年间的那场轰轰烈烈的改革。深切地感受到张居正是难得的中兴名臣。为此，他毅然上疏皇帝说："江陵（张居正）功在社稷，过在身家，国家之议，死而后已，谓之社稷之臣，奚愧焉？"意思是张居正有功于社稷，国家现在弄成这个样子，就是因为把张居正的改革成果推翻了。现在应该为他平反，为有志报国者树立楷模。在邹元标的极力推动下，天启皇帝朱由校下诏恢复了张居正的官职，并给予祭葬，这位蒙冤四十年的名臣，终于得以平反。

这件事，并没有得到友人的赞同。比如，他的好友左光斗就问他："你当年骂张居正，今天又为张居正说话，不是首鼠两端吗？"

邹元标感慨说："沉浮半生，方知江陵之艰辛也。"有人笑他，完全没有当初骂张居正时的魄力和勇气，对此邹元标笑着解释说："大臣跟言官是有区别的。风度超绝，说话无所禁忌，是言官的事情；大臣关心的是国家大的利益和损害，以维护国体为己任，怎么能像年轻人那样喜怒形于色呢？"

时间，仿佛是一个良师益友，让两个曾经互相看不上

的人充分和解。从万历五年（1577 年）到天启元年（1621
年），四十余年的漫长岁月，似乎教会了邹元标一件事，在
漫长的岁月中，懂得与张居正、与自己讲和。

这应该是邹元标的幸运。

两年后，顶着东林党党魁的罪名的邹元标再一次返回自
己的家乡吉水，并在家中去世。崇祯元年（1628 年），追
赠其为太子太保、吏部尚书，特谥忠介。

王大臣

一场刺杀惹出来的祸端

一

万历元年（1573 年）正月二十日天刚蒙蒙亮，十岁的万历皇帝穿戴整齐去上早朝。就在轿子即将穿过乾清门之时，路边人堆里忽然多了一个十分可疑的人。这个人虽一身太监服饰，但在进乾清门时表现得非常惊慌。这一举动立刻引起了一路随行的侍卫注意，出于对皇帝的安全考虑，侍卫以最快速度将这个人围了起来，并将其抓获进行处理。

毫无疑问，这只是万历皇帝十岁早朝的一件意外小事，小得根本引不起他的注意。所以，他甚至连那人的相貌都不曾去看一眼，更别说问他的名字了。

事情似乎就这么过去了，日子一如往常，谁也不曾留意，万历元年正月二十日的早晨，皇宫里多了一个人。一场阴谋就在这个带着浓雾的早晨静悄悄地开始。

三天后，刑部给内阁送了一份十分详细的审讯报告。报告的内容中说，这个身着太监服饰的闯入者叫王大臣，是江苏省常州武进县（今武进区）人。入皇宫的时候，他怀里揣着一把短剑，至于他来皇宫做什么，怎么会出现在皇宫里，一无所知。

负责看这份报告的人，是新任首辅张居正，相比前一任首辅高拱，张居正做事一丝不苟。所以面对这份"三无"报告，张居正十分愤怒，堂堂刑部，对一个可疑人物审了三天，愣是什么结果也没审出来。

就在他即将大发雷霆之时，张居正重新阅读了一遍桌上的审讯报告。忽然他意识到，这是一个千载难逢的机会，一个足够让他消除潜在对手的绝佳机会！

所以，就在这么一刹那，张居正决定了王大臣的命运。

因为，在一天后，王大臣被人送到了另外一个地方，这是一个让无数正义人士、钢铁侠士都惧怕的地方——东厂。

二

在这里，据说没有问不出的真相，因为这里的刑罚多到足够让任何人开口。所以张居正相信，事情很快就会有一个结果。

然而，这次张居正先生看错了，这个叫王大臣的人似乎很有些骨气，在东厂昏暗的牢房里，以及各种刑具的加持下，王大臣依旧只是说名字和籍贯，其他啥也没有说。

众人大失所望之时，这个叫王大臣的人忽然透露了一个意味深长的消息：他是一个逃兵，而且还是从蓟州总兵戚继光的军营里逃出来的。

这句话如同一石激起千层浪，堂堂蓟州总兵的将士，逃到了皇宫，还随身带着兵刃。他想干什么，似乎用不着说破，就足以证明一切。

本着事情有了线索，一查到底的觉悟，东厂将王大臣的所有关系查了个底朝天。不得不说，东厂办事在效率上，确实达到了"出神入化"的地步。只用了几天，事情就有了新的进展。

王大臣也给出了新的供词，而且是爆炸性的供词。根据王大臣所说，他此行的目的，不是参观皇宫，而是为了刺杀十岁的万历皇帝，让他这么干的人是前任首辅高拱的家人。这个供词，在冯保看来十分完美，就连张居正看来也觉得不错。

事情到了这一步，似乎很完美了，至少是按照张居正内心的计划在实施。有了这份供词，任凭是谁，都可以断定，前任首辅高拱要完蛋了。

但事情总会在意想不到的地方出几分意外。或者应该说，冯保低估了王大臣的骨气，也低估了满朝文武对这份供词的态度。

当冯保信心满满地将这份供词公布的时候，反响是巨大的，唯一让他意想不到的是反响居然叫的是"倒好"。因为几乎所有的大臣都从这份供词里得出了一致结论——这是冯保对前任首辅高拱的栽赃。因为冯保是要彻底解决前任首辅高拱，毕竟两人有仇嘛。现在高拱失势，正是痛打落水狗的时候，虽然很多人未必是高拱的门生故吏，但在这件事的态度上出奇的一致。因此他们找到了张居正，希望他出面阻止这件事，不要让事情闹得太难堪了。

张居正起先装作不知道，毕竟在这件事上，他或多或少有点私心。他再大度，在高拱这件事上，他还是希望冯保闹腾一下。如果有高拱在，谁也保不准明日他会不会来抢夺张居正的首辅位置。

毕竟对方有这个实力。

三

对于群臣的规劝，张居正并不以为意。一直到吏部尚书杨博和左都御史葛守礼出面，并以全家几百口性命力保高拱，事情才有了转机。朝堂上，杨博面对张居正问："你何必将事情搞到如此地步？"

张居正听后愤懑道："二公说我对高公（高拱）有成见耶？"

杨博回答："不敢如此，但是除了您，无人能回天有术。"张居正还想打马虎眼，便对杨博、葛守礼说："不是我不愿意帮忙，而是现在案情已经办结，有赃有证，即将上报，我已无能为力。"当他将狱词拿给杨博、葛守礼看，却不料自己露出了破绽——狱词上有他手书的"历历有据"四个字。

一看这四个字，张居正十分尴尬。因此便说，内侍文理不通，他为其更改了几个数字而已。但这一解释反而是欲盖弥彰，为了让自己从这件事中脱身，张居正只能退而求其次，让冯保伙同锦衣卫都督朱希孝一同会审。

事实证明，正是这个决定挽救了高拱的性命。

万历元年（1573 年）。正月二十九日，扑朔迷离的王大臣一案正式开审，作为主审之一的锦衣卫都督朱希孝展现了自己一丝不苟的办案风格。他在审问之前，先将王大臣前后两次的口供对了一遍。通过仔细推敲，他发现王大臣的第一次口供和第二次的口供有很多细节对不上，而且存在涂改的痕迹。出于职业本能，他认为王大臣的口供有严重问题。

于是，他找到了负责审讯王大臣案子的两个千户，一番追问之下，竟从两人口中得出了不一样的结论。原来这个案子本没有什么结论的，结论是张居正给加上的。

这个结果，让锦衣卫都督朱希孝心头一惊。起先，他并不知道张首辅也参与了这件案子，如今得知这个案子还有首辅的影子，多少有些紧张。在他看来，冯保加上首辅张居正，纵然是十个高拱也顶不住。

但在正式审问之下，事情出了点意外。按照规矩，在正式审讯之前，无论面前的犯人是谁，有罪没罪，锦衣卫和东厂都会来一次特别的照顾——按在地上打一顿板子。

但王大臣显然并不知道这个规矩，所以事情就坏在这个看起来"历史悠久"的规矩上了。

坐在案台前的朱希孝还想着一会儿如何挽救高拱一命时，却不知已经被人按在下面的王大臣早已害怕了。这人平日里虽然没见过大的场面，但一看衙门里围着自己黑压压一片人不说，几个衙役不分青红皂白就把自己给按住了，所有人都知道，这是要挨打了。

就在板子即将要落下来时，一直紧张的王大臣忽然对着堂上的冯保大声喊道："许我富贵，怎么掠治我啊？"这话说得莫名其妙，但其中意味很快就被朱希孝捕捉到了。他意识到眼前的这个叫王大臣的人并不是什么聪明人，当下也不说话，只是将目光看向了一旁的冯保。

四

冯保也没料到这个人如此不靠谱。审问还没开始深入，就提前透露了实情，一时之间也不知道如何作答。但他毕竟是混迹皇宫多年的老太监，略微吃惊之下，立即就做出了回应。

"快说，是谁派你来行刺的！"

应该说这是一个提醒，聪明的人听到这里，或多或少会回过神来。然而，这个叫王大臣的人是个例外。他面对冯保的点拨加提醒，愣是装作没听见，竟抬起头面对着冯保说道："不是你让我来的吗，怎么又来问我？"

如果说先前那一番话还能遮掩过去，那么眼下这句话就彻底将冯保的那点心思暴露在众人面前了。无比尴尬的冯保此时此刻恨不得将眼前的王大臣就地正法。但事情已经到了这一步，只能硬着头皮将戏演下去。他不顾众人的怀疑，再一次问道："你昨日不是说河南高阁老的家人指使你来行刺皇上的吗？"

面对这样的质问，王大臣突然平静下来，思索片刻后，回敬了冯保一句分量十足的话："我哪里能识高阁老？这不都是你让我说的吗？"这时候，一直不说话的朱希孝忽然问道："先前，你行刺的那些凶器是从什么地方来的？"

王大臣："那是冯家家奴辛儒给我的。"

空气在这一刻彻底静了下来，事情一目了然。所谓的王大臣刺杀案，审到这一步，已经成了一个天大的笑话。但案子不能半途而废，于是朱希孝忽然开口骂道："大胆狂徒，还想诬蔑狱吏吗？快给我拖下去！"

事情到了这儿，任凭谁都看得出，继续恶心高拱已经不可能。以冯保的聪明，自然也不难看出这一点。所以冯保让人用生漆酒灌哑了王大臣，使其再审时无法讲话。随后，当即移付法司。紧跟着，张居正又给皇帝上了一份奏疏，以"擅入宫禁"的罪名将王大臣斩首示众。

至此，这件扑朔迷离的案子暂时告一段落，但这事儿到这儿并不意味着结束了，因为它还有一个后续。后续的问题自然不是王大臣何许人，更不是他是否来自戚继光部下逃兵，而是对张居正清算的问题。

万历十年，为大明努力奋斗了十年的首辅张居正去世了。仅仅过了半年，张居正就被万历剥夺了生前的一切荣誉，加在他身上的罪名足足有十四项。万历览奏以后，谕旨说："居正不思尽忠报国，顾怙宠行私，殊负恩眷"，但"念系皇考付托，侍朕冲龄，有十年辅理之功。姑不问，以全终始"。并谕令廷臣：各省修职业，对张居正不必再追论往事。但仅仅过了两年之后，万历就借着废辽案一事而籍没了张居正的家。促使万历改变这个态度的因素很多，但其中有一点就是王大臣一案。

根据高拱的《病榻遗言》所说，这个案子是太监冯保和张居正加害他的阴谋。主谋为冯保，因王大臣被抓时先交东厂查办，冯保是东厂的提督，而最初诬陷的供词来自东厂。只是冯保水平太过低下，张居正看过狱辞，并为修改四字。

后因杨博、葛守礼的请求改变主意，替他奏请缓决。三法司会审之后，冯保怕阴谋暴露，用药瘴王大臣，移法司判处死刑以了结此案。事实是否如此，已不在本文的叙述之内。笔者只想告诉诸位的是，这本是一件陈年旧事，却因为张居正的死和高拱的《病榻遗言》，再一次回到了万历的视野。据说，当时万历命令有关人员，将王大臣一案的所有档案脚本都送到御前供他查看，只是所有的档案资料写得都十分含糊，大概的意思是王大臣身上藏有短剑两把，再无其他。案子从审到结论都是一头雾水，这个结果让万历大为不满，遂立即下旨要求对此案进行彻查。

五

万历的目的不言而喻。幸亏此时大学士申时行站出来做了一番劝告，申时行的意思是事情已经过去了十年，当年与本案有关的人员基本上都已经去世了。如果这时再去清查，案子未必会水落石出，于事无补不说，反而将不少人牵连其中，引起朝政不安就不好了。

至此，万历才打消了继续追查的念头，这桩陈年旧案也就彻底封存在历史的尘埃之中了。关于那个叫王大臣的人到底如何混入皇宫，是不是戚继光派过来的。对不起，历史没留下答案。因此，权当他脑门一热，混进去的好了。